Ehe- und Partnerschaftsverträge

© Verbraucherzentrale NRW e.V., Düsseldorf
1. Auflage, Juni 2006, 1.–8. Tausend

Das Werk einschließlich aller seiner Teile ist urheberrechtlich geschützt. Jede Verwertung, die nicht ausdrücklich vom Urheberrechtsgesetz zugelassen ist, bedarf der vorherigen Zustimmung der Verbraucherzentrale NRW. Das gilt insbesondere für Vervielfältigungen, Bearbeitungen, Übersetzungen, Mikroverfilmungen und die Einspeicherung und Verarbeitung in elektronischen Systemen.
Das Buch darf ohne Genehmigung der Verbraucherzentrale NRW auch nicht mit (Werbe-)Aufklebern o. A. versehen werden.
Die Verwendung des Buches durch Dritte darf nicht zu absatzfördernden Zwecken geschehen oder den Eindruck einer Zusammenarbeit mit der Verbraucherzentrale NRW erwecken.

ISBN-10: 3-938174-16-1
ISBN-13: 978-3-938174-16-6
Printed in Germany

Inhalt

5	**Vorwort**

9 ■ Die eheliche Lebensgemeinschaft

10	Wohnsitz
10	Haushaltsführung
11	Erwerbstätigkeit
12	Familienunterhalt
13	Hausrat
14	**Die verschiedenen Güterstände in der Ehe**
14	Zugewinngemeinschaft
24	Gütertrennung
26	Gütergemeinschaft
27	Modifizierte Güterstände
28	**Ehegattenunterhalt**
29	Betreuungsunterhalt (§ 1570 BGB)
30	Unterhalt wegen Alters (§ 1571 BGB)
30	Unterhalt wegen Krankheit (§ 1572 BGB)
31	Unterhalt wegen Erwerbslosigkeit und Aufstockungsunterhalt (§ 1573 BGB)
32	Unterhalt für Ausbildung, Fortbildung oder Umschulung (§ 1575 BGB)
33	Unterhalt aus Billigkeitsgründen (§ 1576 BGB)
33	Berechnung der Unterhaltshöhe
38	**Versorgungsausgleich**

43 ■ Eheverträge

44	**Formale Voraussetzungen**
45	Kosten
45	Geltungsdauer
46	**Ehetypen**
46	Beide Partner sind berufstätig und wollen keine Kinder
51	Beide Partner sind berufstätig und wollen Kinder
54	Ein Ehepartner ist Unternehmer oder Freiberufler
58	Einer der Ehepartner bringt ein großes Vermögen mit in die Ehe ein
63	Ein Ehepartner bringt Schulden in die Ehe ein
67	Ein Ehepartner erwartet ein größeres Erbe
70	Ein Ehepartner ist Ausländer
75	Beide Partner sind geschieden und haben aus früheren Ehen Kinder
79	Ein verheiratetes Paar mit Kindern beabsichtigt die Scheidung

Inhalt

85 ■ Vertragliche Regelungen für nicht verheiratete Paare
86   Was lässt sich sinnvoll regeln?
90   Vergütung für Hausarbeit
91   Elterliche Sorge
92   Hausrat und gemeinsame Anschaffungen
93   Teilungsvereinbarung
93   Schulden
94   Gemeinsame Wohnung
96   Gemeinsame Firma
97   Altersvorsorge
102   Trennungsvereinbarung
104   Erbschaft
106   Vollmachten
106   Generalvollmacht für nicht verheiratete Lebenspartner
107   Vollmacht für den Krankheitsfall eines Partners
108   Vollmacht für den Fall des Todes eines Partners
108   Bankvollmacht
109   Postvollmacht

111 ■ Gesetzliche Regelungen für Eingetragene Lebenspartnerschaften
112   Begründung einer Eingetragenen Lebenspartnerschaft
113   Rechtswirkungen
114   Vermögensrechtliche Wirkungen
116   Aufhebung einer Eingetragenen Lebenspartnerschaft
117   Versorgungsausgleich
118   Gemeinsames Eigentum
118   Gemeinsame Firma
119   Gemeinsame Wohnung
119   Verteilung des Hausrats
120   Unterhaltsansprüche
122   Erbrecht
124   Muster für Lebenspartnerschaftsverträge

129   Anhang
129   Adressen
135   Stichwortverzeichnis
139   Impressum

Vorwort

Vertrauen ist gut, Vertrag ist besser

Die meisten Paare, die kurz vor der Hochzeit stehen, halten einen Ehevertrag für überflüssig und entrüsten sich, wenn man sie danach fragt: »Nein, so etwas brauchen wir nicht. Wir lieben uns doch!« Obwohl man natürlich nicht direkt bei der Eheschließung schon über eine Scheidung nachdenken sollte: Fakt ist, dass in Großstädten inzwischen jede zweite Ehe geschieden wird. Aber es gibt einen zweiten und vielleicht wichtigeren Grund für einen Ehevertrag: Wenn man gemeinsam über die einzelnen Bestimmungen nachdenkt, muss man sich über Punkte auseinander setzen, die sonst oft unausgesprochen bleiben. Dies kann späteren Auseinandersetzungen vorbeugen.

Eine Klärung im Vorfeld zeugt zudem von Verantwortungsbewusstsein und Gerechtigkeitssinn und demonstriert keinesfalls Misstrauen gegenüber dem Partner. Wer gemeinsam durchs Leben gehen will, sollte vorher gemeinsam die Spielregeln für schlechte Zeiten festlegen, schon um einen »Rosenkrieg« zu vermeiden, falls die Ehe wider Erwarten doch schief gehen sollte. Eindeutige Vertragsregeln tragen schließlich dazu bei, etwaigen Auseinandersetzungen ein Stück weit die Schärfe zu nehmen und ein faires Miteinanderumgehen zu ermöglichen.

Wie jeder Vertrag sollte ein guter Ehe- bzw. Partnerschaftsvertrag die Rechtspositionen der Vertragschließenden schützen. Er kann Menschen mit sehr unterschiedlichem beruflichen oder finanziellen Background dazu verhelfen, einander wirklich gleichberechtigt gegenüberzutreten und etwaige Benachteiligungen eines Partners auszugleichen. Wenn ein Partner beispielsweise ein eigenes Unternehmen oder mehrere Immobilien besitzt und der andere kaum über eigenes Vermögen verfügt, besteht ein Ungleichgewicht, das die beiden mit einem Vertrag wirkungsvoll ausbalancieren können. Wichtig ist dabei, dass sich jeder Partner zunächst allein kompetent durch einen Rechtsanwalt oder Notar beraten lässt.

Wer heiratet, geht ohnehin einen Vertrag ein, genau genommen einen familienrechtlichen Vertrag, der einer besonderen Form bedarf: Die Ehegatten müssen vor einem Standesbeamten persönlich und bei gleichzeitiger Anwesenheit erklären, die Ehe miteinander eingehen zu wollen. Aus der Eheschließung ergeben sich für beide Partner bestimmte Rechte und Pflichten, die im Bürgerlichen Gesetzbuch (BGB) geregelt sind. Eheleute sind beispielsweise zur ehelichen Lebensgemeinschaft verpflichtet und tragen Verantwortung füreinander. Auf ein bestimmtes Leitbild hat der Gesetzgeber im Zuge der Eherechtsreform 1977 verzichtet. So betont § 1356 BGB ausdrücklich, dass die Eheleute die Haushaltsführung in gegenseitigem Einvernehmen regeln und grundsätzlich beide berechtigt sind, eine Erwerbstätigkeit ausüben. Dennoch basieren viele eherechtliche Regelungen auf dem Modell der so genannten Einverdienerehe. Das heißt, ein Ehegatte ist berufstätig, während der andere den Haushalt führt und die Kinderbetreuung übernimmt. In der Praxis ist dies immer noch ganz überwiegend die Ehefrau. Da der nicht verdienende Ehepartner in diesem Ehemodell finanziell vollständig von dem anderen Partner abhängig ist, hat der Gesetzgeber mit den Vorschriften über den Anspruch auf Unterhalt, Zugewinn- und Versorgungsausgleich für den Fall der Scheidung Instrumente geschaffen, die den haushaltsführenden Ehegatten wirtschaftlich absichern und ihm einen angemessenen Anteil an dem gemeinsam erwirtschafteten Ehevermögen zukommen lassen sollen.

So gerecht der Grundgedanke im Hinblick auf die Einverdienerehe sein mag, bezogen auf eine »Doppelverdienerehe« oder andere von jenem Modell abweichende Lebensverhältnisse kann die derzeitige Rechtslage zu recht unfairen Ergebnissen führen. Sind etwa beide Partner während der Ehezeit voll berufstätig, dann ist nach dem gesetzlichen Zugewinnausgleich im Falle der Scheidung derjenige Ehegatte, der in seinem Job mehr erreicht und somit auch besser verdient hat, dem anderen gegenüber ausgleichspflichtig. Das kann insbesondere dann hart sein, wenn ein Ehepartner als Unternehmer oder Freiberufler selbstständig ist und bei einer Scheidung die Hälfte der Wertsteigerung seiner Firma an den ehemaligen Gatten abtreten muss – und im Extremfall in die Pleite rutscht.

Um solche Folgen zu verhindern, bieten Gesetz und Rechtsprechung Eheleuten die Möglichkeit, ihre persönlichen Lebensverhältnisse und hier vor allem das Güterrecht vertraglich zu regeln. Nach § 1408 BGB sind Ehegatten ausdrücklich befugt, ihre vermögensrechtlichen Verhältnisse durch einen Ehevertrag zu regeln. Sie dürfen den Güterstand ändern oder den Versorgungsausgleich ausschließen und können so ihrem Ehetyp entsprechend einseitige Benachteiligungen vermeiden. Der vorliegende Ratgeber behandelt in diesem Sinn typische Partner-Konstellationen aus der Praxis. Er beschränkt sich aber nicht auf Eheverträge, sondern umfasst ausdrücklich auch Partnerschaftsverträge. So manches Paar verzichtet auf den Trauschein und will trotzdem ein Leben lang zusammenbleiben. Hier greifen im Trennungsfall so gut wie keine rechtlichen Vorschriften. Alles ist in die Verantwortung des Paares gestellt. Insofern ist ein Vertrag hier vielleicht noch wichtiger. Auch für gleichgeschlechtliche Paare, die in einer Eingetragenen Lebenspartnerschaft leben, greifen die gesetzlichen Regelungen nicht so weit wie bei der Ehe. Deshalb können in diesem Fall vertragliche Regelungen zwischen den Partnern durchaus eine sinnvolle Ergänzung bilden.

Der vorliegende Ratgeber will Ihnen zunächst wichtige Denkanstöße vermitteln, welche Regelungen für eine Ehe oder Partnerschaft sinnvoll sind und wo Risiken lauern können, die es zu vermeiden gilt. Die Musterverträge für Eheleute, Eingetragene Lebenspartner und nicht verheiratete Paare spiegeln die Bandbreite wider, in welcher Form Vereinbarungen für unterschiedliche Lebensverhältnisse der Partner getroffen werden können.

Beachten Sie bitte, dass sämtliche Musterverträge lediglich Beispiele für unterschiedliche Regelungsmodelle darstellen und Ihr persönlicher Ehe- oder Partnerschaftsvertrag auf Ihre persönlichen Lebensumstände zuzuschneiden ist. Aus diesem Grund kann bei einer Übernahme der in diesem Ratgeber veröffentlichten Mustervereinbarungen für den Einzelfall keinerlei Haftung übernommen werden.

Mai 2006
Rechtsanwältin Verena Rottmann

Die eheliche Lebensgemeinschaft

Dieses erste Kapitel erläutert die Regelungen für verheiratete Paare, die das Bürgerliche Gesetzbuch (BGB) im Allgemeinen vorsieht oder die aufgrund der Rechtsprechung der Oberlandesgerichte und des Bundesgerichtshofs Anwendung finden. Dabei wird jeweils darauf hingewiesen, ob und inwieweit Eheleute mit einem Ehevertrag von der gesetzlichen Vorgabe abweichen können.

Wohnsitz

Nach § 1353 BGB sind Eheleute einander zur ehelichen Lebensgemeinschaft verpflichtet und tragen Verantwortung füreinander. Das bedeutet, dass sie grundsätzlich gemeinsam wohnen und nach einem gemeinsamen Lebensplan leben sollen. Etwas anderes gilt nur, wenn die tatsächlichen Lebensverhältnisse ein Zusammenleben verhindern oder die Partner ihre Beziehung in gegenseitigem Einvernehmen anders gestalten wollen. Berufliche oder private Gründe können also dazu führen, dass beide getrennt wohnen.

Tatsächliche Lebensverhältnisse können Zusammenleben verhindern

Die Frage, ob und wo ein gemeinsamer Wohnsitz gewählt werden soll, stellt sich insbesondere, wenn beide Ehepartner aus beruflichen Gründen an verschiedene Orte gebunden sind. Die gemeinsame Wohnung kann für den Bestand einer Ehe sehr wichtig sein. Nicht selten scheitert eine Ehe schließlich schlichtweg daran, dass sich die Partner auseinander gelebt haben. Viele Paare, die eine Wochenendbeziehung leben, empfinden die Distanz zwar zunächst als wohltuend oder zumindest als nicht störend. Trotzdem sollten Sie den meist schleichenden Prozess der Entfremdung nicht unterschätzen. Insofern schadet es sicher nicht, sich im Voraus über einen gemeinsamen Lebensmittelpunkt Gedanken zu machen und gegebenenfalls eine vertragliche Vereinbarung zu treffen.

Haushaltsführung

Nach § 1356 Absatz 1 BGB sollen verheiratete Paare die Haushaltsführung in gegenseitigem Einvernehmen regeln und, sofern nichts anderes vereinbart ist, den Haushalt gemeinsam führen. Entscheidet sich das Paar für die Einverdienerehe, dann führt ein Partner den Haushalt allein. Dies geschieht dann grundsätzlich in eigener Verantwortung. Der andere Ehegatte muss ihm allerdings das nötige Haushaltsgeld zur Verfügung stellen. Dessen Höhe richtet sich nach den wirtschaftlichen Verhältnissen der Familie. Umgekehrt muss die Haushaltsführung den wirtschaftlichen Verhältnissen angemessen sein. Je nach Haushaltsgröße, Kinderzahl und der Belastung durch die eigene Berufstätigkeit entbindet auch die klare Rollenverteilung den verdienenden Gatten nicht vollständig von Haushaltspflichten: Im Rahmen seiner Möglichkeiten und der Erfordernisse muss er mithelfen. Kommt keine Einigung über die Rollenverteilung innerhalb der Ehe zustande, sind die Ehegatten verpflichtet, den Haushalt gemeinsam zu führen.

Höhe des Haushaltsgeldes richtet sich nach wirtschaftlichen Verhältnissen der Familie

Erwerbstätigkeit

Nach § 1356 Absatz 2 BGB sind beide Partner berechtigt, erwerbstätig zu sein. Sie müssen jedoch mit ihrer Erwerbstätigkeit auf die Belange des jeweils anderen sowie auf die Familie Rücksicht nehmen. Aus der Pflicht zur Rücksichtnahme auf die Belange des anderen folgt beispielsweise, dass ein Ehepartner unter Umständen verpflichtet sein kann, in der Firma des anderen mitzuarbeiten. In diesem Fall ist jedoch grundsätzlich nicht davon auszugehen, dass diese Mitarbeit unentgeltlich zu erfolgen hat. Dies kann allenfalls bei unbedeutenden Hilfstätigkeiten gelten. Sonst sollte wie in jedem anderen Arbeitsverhältnis eine angemessene Vergütung gezahlt werden. Hier wäre also gegebenenfalls eine ehevertragliche Regelung angezeigt, auf die Sie besonders achten sollten, wenn Sie mit Ihrem Gatten in einem Ehevertrag Gütertrennung vereinbaren wollen. Denn im Fall einer Trennung hätten Sie, anders als Eheleute in einer Zugewinngemeinschaft, keinen Anspruch auf einen Zugewinnausgleich (vgl. Seite 19).

Rücksichtnahme auf die Belange des anderen und auf die Familie

Familienunterhalt

Nach § 1360 BGB sind beide Ehegatten verpflichtet, durch ihre Arbeit sowie mit ihrem Vermögen die Familie angemessen zu unterhalten. Dies bedeutet nicht, dass beide Partner in gleicher Weise zur Leistung verpflichtet sind und in gleicher Höhe zum Unterhalt beitragen müssen. Ebenso wenig lässt sich aus dieser Vorschrift ein Anspruch etwa auf einen Zuverdienst des haushaltsführenden Partners herleiten. Hat ein Ehegatte die Haushaltsführung übernommen, erfüllt er grundsätzlich seine gesamte Unterhaltspflicht, die nach Auffassung des Gesetzgebers als gleichwertiger, nicht ergänzungsbedürftiger Beitrag zum Familienunterhalt anzusehen ist. Im Gegenzug muss der erwerbstätige Ehegatte den für den Familienunterhalt erforderlichen Geldbetrag erwirtschaften und dem nicht erwerbstätigen Partner einen angemessenen Anteil als Haushalts- oder Wirtschaftsgeld unaufgefordert zur Verfügung stellen.

Haushaltsführung ist gleichwertiger Beitrag zum Familienunterhalt

Reicht die Arbeitskraft des verdienenden Ehepartners nicht aus, um den Familienunterhalt zu decken, etwa weil er zu krank ist, kann der andere Partner verpflichtet sein, eine Erwerbstätigkeit aufzunehmen oder eine Teilzeit- in eine Vollzeitbeschäftigung auszuweiten. Gleiches gilt, wenn der berufstätige Ehegatte arbeitslos wird. Allerdings sind diese Vorschriften abgesehen von seltenen Ausnahmen nur so lange gültig, wie Kinder im Haus sind. In der Doppelverdienerehe bestimmt sich der finanzielle Beitrag zum Familienunterhalt nach dem jeweiligen Einkommen der Ehegatten.

Umfang des angemessenen Unterhalts

Der angemessene Unterhalt der Familie umfasst alles, was nach den Verhältnissen der Ehegatten für die Haushaltsführung, die persönlichen Bedürfnisse der Ehegatten sowie den Lebensbedarf gemeinsamer unterhaltsberechtigter Kinder erforderlich ist. Im Einzelnen sind dies vor allem die Ausgaben für Lebensmittel, Miete, Heizkosten, Versicherungen, Kleidung, Freizeitgestaltung und Taschengeld. Unterhaltsverpflichtungen eines Ehepartners gegenüber Dritten, z.B. gegenüber Kindern von einem anderen Partner, geschiedenen Ehegatten oder Eltern, gehören nicht zum Familienunterhalt.

Hausrat

Zum Hausrat gehören alle Gegenstände, die für das Zusammenleben der Familie benötigt werden, unter anderem Möbel, Fernsehgerät und HiFi-Anlage, Küchengeräte, Tisch- und Bettwäsche sowie Geschirr und Besteck. Gegenstände des persönlichen Gebrauchs wie Kleidung, Schmuck, Bücher und CDs zählen nicht zum Hausrat. Aus dem Grundsatz der ehelichen Lebensgemeinschaft ergibt sich, dass die Ehegatten den Hausrat einander zum Gebrauch zu überlassen haben. Jeder ist insofern Mitbesitzer des Hausrats. Mitbesitzer ist jedoch nicht gleich Miteigentümer. Wenn Sie eine Sache für sich gekauft und in die Ehe eingebracht haben, bleiben Sie alleiniger Eigentümer des Gegenstandes, auch wenn Ihr Partner den Gegenstand mitbenutzt (beispielsweise den Pkw). Das gilt auch dann noch, wenn dieser Gegenstand ersetzt werden muss. Hausratsgegenstände, die anstelle von nicht mehr vorhandenen oder wertlos gewordenen Sachen angeschafft werden, gehören dem Ehegatten, der Eigentümer der ersetzten Gegenstände gewesen ist, selbst wenn die neue Sache hochwertiger ist als der alte Gegenstand.

> **Taschengeldanspruch des Ehepartners**
>
> Zum angemessenen Unterhalt eines Ehepartners während der Ehe gehört auch ein Teil des Gesamteinkommens als Taschengeld. In der Rechtsprechung wird dabei in der Regel eine Quote von 5 bis 7 Prozent des zur Verfügung stehenden Nettoeinkommens angenommen. Das Taschengeld soll dem Unterhaltsberechtigten die Befriedigung persönlicher Bedürfnisse nach freier Wahl und unabhängig von der Mitsprache des anderen Ehegatten ermöglichen.
>
> *Urteil des Bundesgerichtshofs vom 21. 1. 1998 – Aktenzeichen XII ZR 140/96*

Gemeinsames Eigentum der Ehegatten

Alles, was die Ehegatten während der Ehezeit gemeinsam für den Haushalt anschaffen, gilt als gemeinsames Eigentum. Auch Hochzeitsgeschenke werden grundsätzlich als gemeinsames Eigentum der Ehegatten angesehen. Eine Ausnahme bilden Geschenke, die eindeutig einem Ehegatten zugeordnet werden können (z.B. Familienschmuck, den die Brauteltern der Braut schenken). Da der Hausrat nicht zum Vermögen gehört, fällt er bei einer Scheidung auch nicht unter den Zugewinnausgleich (vgl. Seite 19). Er wird – soweit sich die Partner nicht einigen können – nach den Vorschriften der Hausratsverordnung aufgeteilt.

Die verschiedenen Güterstände in der Ehe

Gesetzlicher Güterstand, wenn nichts anderes vereinbart wurde

Die vermögensrechtlichen Verhältnisse der Ehegatten untereinander werden durch das eheliche Güterrecht in den §§ 1363 ff. BGB geregelt. Die meisten Ehepaare leben im gesetzlichen Güterstand der Zugewinngemeinschaft, der stets dann gilt, wenn nichts anderes vertraglich vereinbart wurde. Wer einen Ehevertrag abschließt, entscheidet sich für das vertragliche Güterrecht. Hier wird grundsätzlich zwischen der Gütergemeinschaft (vgl. Seite 26) und der Gütertrennung (vgl. Seite 24) unterschieden. Daneben sind aber auch noch andere Varianten güterrechtlicher Vereinbarungen möglich, etwa ein modifizierter Zugewinnausgleich. Dazu mehr im Folgenden.

Zugewinngemeinschaft

Die Zugewinngemeinschaft beginnt mit der Eheschließung und endet mit dem Tod eines Ehegatten bzw. durch Aufhebung oder Scheidung der Ehe. Aber auch im Falle eines vorzeitigen Zugewinnausgleichs (§ 1388 BGB) oder durch Vereinbarung eines anderen Güterstandes bzw. durch Ausschluss des gesetzlichen Güterstandes wird die Zugewinngemeinschaft beendet.

Anderer Güterstand

Die Aufhebung betrifft nur Eheschließungen, die von Gesetzes wegen erst gar nicht hätte geschlossen werden dürfen. Ein vorzeitiger Zugewinnausgleich ist z.B. dann sinnvoll, wenn sich getrennt lebende Ehegatten zwar nicht scheiden lassen, aber ihre Vermögensverhältnisse entflechten wollen. Einen anderen Güterstand können Eheleute auch nach der Eheschließung grundsätzlich zu jedem Zeitpunkt vereinbaren, indem sie die Zugewinngemeinschaft mit einem Ehevertrag vollständig oder auch nur teilweise ausschließen. So können sie z.B. ihre Zugewinngemeinschaft entsprechend ihren persönlichen oder wirtschaftlichen Verhältnissen modifizieren (vgl. Seite 27).

In der Zugewinngemeinschaft gilt der Grundsatz der Vermögenstrennung. Das bedeutet, dass jeder Ehepartner während der Ehe Eigentümer seines Vermögens bleibt. Dies gilt auch für Vermögensteile, die er nach der Eheschließung erwirbt oder die aus einer Wertsteigerung der in die Ehe eingebrachten Vermögenswerte stammen. Aufgrund der Vermögenstrennung haftet jeder Ehegatte grundsätzlich allein mit seinem eigenen Vermögen für alle vor und während der Ehe von ihm eingegangenen Verbindlichkeiten. Er muss deshalb in der Regel nicht für die Schulden seines Ehepartners einstehen. Ausgenommen von dieser Regel sind Zahlungsverpflichtungen, die im Rahmen von »Geschäften zur Deckung des Lebensbedarfs« entstehen, also im Rahmen der früheren so genannten Schlüsselgewalt. Außerdem tritt eine Haftung für die Verbindlichkeiten des anderen Ehegatten beispielsweise dann ein, wenn ein Ehepartner für den anderen bürgt oder etwa einen Darlehensvertrag mitunterschreibt. Der von beiden Gatten während der Ehe erwirtschaftete Zugewinn wird erst dann ausgeglichen, wenn die Zugewinngemeinschaft beendet ist.

Unter **Zugewinn** versteht man den Betrag, um den das Endvermögen eines Ehegatten dessen Anfangsvermögen übersteigt. Es handelt sich also um den Überschuss, den ein Ehegatte nach Abzug des Unterhalts sowie anderer Vermögensausgaben während der Ehezeit erwirtschaftet hat. Keiner der beiden Partner ist verpflichtet, einen Überschuss zu erwirtschaften oder sein Vermögen so zu verwalten, dass ein möglichst großer Zugewinn erzielt wird. Für die Feststellung des Zugewinns wird zunächst für beide Partner jeweils das Anfangsvermögen bei der Eheschließung sowie das Endvermögen zum Zeitpunkt der Beendigung der Ehe bestimmt. Als Beendigungszeitpunkt der Ehe gilt hierbei der Tag, an dem der Scheidungsantrag dem anderen Ehegatten zugestellt wurde.

> **Schlüsselgewalt**
>
> Nach § 1357 BGB hat jeder Ehegatte das Recht, Geschäfte zur angemessenen Deckung des Lebensbedarfs der Familie mit Wirkung auch für den anderen Ehegatten zu tätigen. Bis zur Reform des Eherechts hieß diese Befugnis »Schlüsselgewalt«, und dieser Begriff ist heute noch gebräuchlich, obwohl er nicht mehr im Gesetz steht. Hierunter fällt beispielsweise der Kauf von Lebensmitteln oder Heizöl. Je nach den Lebensumständen der Eheleute kann sogar der Kauf eines neuen Autos von der Schlüsselgewalt eines Ehegatten umfasst sein.

Beim **Anfangsvermögen** handelt es sich um das Vermögen, das einem Ehegatten nach Abzug der Schulden beim Eintritt in den

Güterstand (also in der Regel bei der Eheschließung) gehört. Verbindlichkeiten dürfen lediglich bis zur Höhe des Vermögens abgezogen werden. Nur mit einem Ehevertrag kann unter Umständen ein negativer Wert vereinbart werden (vgl. Seite 63 f.), in allen anderen Fällen ist ein negatives Anfangsvermögen ausgeschlossen. Geht ein Partner die Ehe mit Schulden ein, wird sein Anfangsvermögen also normalerweise mit mindestens Null bewertet. Das Gleiche gilt, wenn im Nachhinein nicht mehr festgestellt werden kann, wie hoch das Anfangsvermögen eines Ehegatten gewesen war. Das gesamte Endvermögen wäre dann als Zugewinn anzusehen. Im Streitfall muss der oder die Betroffene beweisen, was er oder sie in die Ehe eingebracht hat.

Erbschaft und Schenkung verbleiben dem Ehegatten

Ein Vermögen, das ein Ehegatte im Güterstand der Zugewinngemeinschaft erbt oder geschenkt bekommt, wird nach Abzug der Verbindlichkeiten (wie Beerdigungskosten und Erbschaftsteuer) seinem Anfangsvermögen hinzugerechnet. Dasselbe gilt für die Mitgift oder Aussteuer, die im Gesetz unter dem Begriff »Ausstattung« zusammengefasst werden (§ 1624 BGB). Dies gilt allerdings nicht für solche Zuwendungen, die nach den Umständen als Einkünfte anzusehen sind, wie etwa ein Haushaltszuschuss, den ein Ehegatte von seinen Eltern während der Ehe erhalten hat. Abgesehen von diesen Fällen soll der Vermögenszuwachs eines Partners durch Erbschaft nach dem Willen des Gesetzgebers nicht unter den Zugewinnausgleich fallen, weil er nicht mit der ehelichen Lebensgemeinschaft zusammenhängt. Aus diesem Grund wird er dem Anfangsvermögen mit dem Wert zum Zeitpunkt der Erbschaft oder der Schenkung nachträglich zugeschlagen. Ein Wertzuwachs des Erbes oder dessen Erträge vergrößern dagegen den Zugewinn.

Ausgleich ehebezogener Zuwendungen

Eine Besonderheit stellt der Ausgleich so genannter ehebezogener Zuwendungen dar, die ein Ehepartner vor der Eheschließung in der Erwartung erbracht hat, dass die eheliche Lebensgemeinschaft Bestand haben werde (z.B. finanzielle Unterstützung der Firma des künftigen Ehepartners). Derartige Zuwendungen werden in der Regel im Rahmen des Zugewinnausgleichs berücksichtigt und dem Anfangsvermögen des Partners zugeschlagen, der die Unterstützung geleistet hat.

Der Zugewinnausgleich kann bei Beendigung der Zugewinngemeinschaft relativ problemlos durchgeführt werden, wenn beide Partner ihr Vermögen bei Eheschließung schriftlich festhalten. Ein gemeinsames Verzeichnis des Anfangsvermögens beider Ehegatten einschließlich sämtlicher Verbindlichkeiten kann in späteren Auseinandersetzungen Beweiskraft erlangen, weil grundsätzlich von dessen Richtigkeit ausgegangen wird. Jeder Ehegatte kann nach § 1377 Absatz 2 BGB von dem anderen verlangen, bei einem solchen Verzeichnis mitzuwirken. Wurde kein Vermögensverzeichnis verfasst, dann besteht die Vermutung, dass das Endvermögen eines Ehegatten gleichzeitig seinen Zugewinn darstellt. Dieses ist allerdings die für ihn schlechteste Position.

> **Berücksichtigung einer Abfindung beim Zugewinn**
>
> Erhält ein Ehepartner kurz vor dem Einreichen der Scheidungsklage von seinem Arbeitgeber die Zusage über eine Abfindung, dann handelt es sich hierbei um eine »rechtlich geschützte Position von wirtschaftlichem Wert«, die beim Zugewinnausgleich zu berücksichtigen ist. Auf den Zeitpunkt der Auszahlung kommt es nicht an.
> *Urteil des Bundesgerichtshofs vom 13. 11. 1997 – Aktenzeichen IX ZR 37/97*

Als **Endvermögen** wird das Vermögen bezeichnet, das einem Ehegatten nach Abzug der Verbindlichkeiten bei der Beendigung des Güterstandes gehört. Das betrifft nicht nur Sachen – ohne den Hausrat –, sondern auch objektiv bewertbare Rechte, die am Stichtag bereits entstanden sind (z.B. die Zusage einer Abfindung). Diese Vermögenswerte müssen keinen Bezug zur ehelichen Lebensgemeinschaft haben. Auch ein Lottogewinn oder Schmerzensgeld fallen unter das anrechenbare Vermögen.

Schulden sind grundsätzlich nur insoweit vom Endvermögen abzuziehen, als überhaupt ein Vermögenszuwachs während der Ehe festzustellen ist. Überwiegen die Schulden, ist das Endvermögen mit Null anzusetzen. Nicht berücksichtigt werden erst in der Zukunft entstehende Verbindlichkeiten.

Hat ein Ehepartner sein Vermögen während der Ehe durch Schenkungen über das übliche Maß hinaus erheblich vermindert oder auf andere Weise verschwendet (z.B. auf der Rennbahn verwettet oder im Casino

> **Anrechnung der Schulden**
>
> Auch wenn nach außen nur ein Ehepartner für Schulden haftet, sind diese anteilig beim Anfangs- bzw. Endvermögen beider Ehegatten zu berücksichtigen, falls sie zu rein familiären Zwecken aufgenommen wurden (z.B. zur Finanzierung eines gemeinsamen Eigenheims).
> *Urteil des Oberlandesgerichts Koblenz vom 31. 7. 1997 – Aktenzeichen 11 UF 625/96*

verspielt), so sind diese Werte dennoch seinem Endvermögen hinzuzurechnen. Das gilt auch, wenn einer der beiden Partner sein Vermögen in erster Linie deshalb vernichtet hat, um den anderen zu benachteiligen. Allerdings entfällt eine Hinzurechnung, wenn die Vermögensminderung länger als zehn Jahre zurückliegt oder der andere Ehegatte mit der Schenkung bzw. Verschwendung einverstanden war. Hat ein Ehepartner durch Schenkung oder durch anderweitige Verminderung seines Vermögens zur Benachteiligung des anderen Ehepartners einen Zugewinn vereitelt, dann kann der sonst ausgleichsberechtigte Partner die Zuwendung von dem Beschenkten oder auf andere Weise Bereicherten zurückverlangen.

Anzugebende Vermögenswerte

Bei der Feststellung des Endvermögens sind insbesondere folgende Vermögenswerte in dem gemäß § 260 BGB vorzulegenden Verzeichnis – soweit vorhanden – anzugeben:

- **unbewegliches Vermögen,** Immobilien unter Bezeichnung nach dem Grundbucheintrag mit Angabe von Ort und Lage, Eigentumsverhältnissen (also z.B. Allein- oder Miteigentum) und Verkehrswert;
- **bewegliches Vermögen,** z.B. Guthaben bei Banken, Sparkassen oder Bausparkassen, Schmuck, Antiquitäten, Kunstgegenstände, das Auto und sonstige wertvolle Gegenstände;
- **Forderungen und Rechte,** z.B. Geschäftsaußenstände, gewährte Darlehen und andere Forderungen gegen Dritte, Kapitallebensversicherungen mit Angabe des Rückkaufwertes, Aktien und andere Wertpapiere mit Kurswert, Genossenschaftsanteile mit Angabe des wirklichen Wertes;
- **Verbindlichkeiten,** das heißt Schulden wie Darlehen oder Hypothekenkredite, wobei vermerkt werden sollte, welche Schulden für die gemeinsame Lebensführung aufgenommen wurden und welche ein oder beide Partner während der Ehe gemacht haben.

Gegenseitige Geschenke

Eine Besonderheit betrifft gegenseitige Geschenke: Zum Zugewinn zählen nur jene, die den Wert eines »Gelegenheitsgeschenks« übersteigen. Bei welchen Geschenken dies zutrifft, muss nach den Vermögensverhältnissen der Eheleute beurteilt werden. Bei durchschnittlichen Lebensverhältnissen kann beispielsweise wertvoller Schmuck oder ein teurer Pelzmantel durchaus noch als Unterhaltsleistung angesehen werden. So genannte Anstandsgeschenke (z.B.

Geburtstagsgeschenke oder Geschenke zum Hochzeitstag) müssen nicht dem Endvermögen des Partners zugerechnet werden.

Zugewinnausgleich

Haben die Eheleute während ihrer Ehe im gesetzlichen Güterstand der Zugewinngemeinschaft gelebt, dann wird im Falle der Scheidung der Wert des Vermögens, das gemeinsam während der Ehezeit erworben wurde, zu gleichen Teilen zwischen den Partnern aufgeteilt. Diese Aufteilung des Vermögenswerts am Ende einer Ehe nennt man Zugewinnausgleich. In der Mehrzahl der Fälle wird er im Rahmen von Ehescheidungen durchgeführt. Er kann noch bis zu drei Jahre nach der Scheidung beim Familiengericht beantragt werden.

Für die Durchführung des Zugewinnausgleichs werden zunächst für beide Partner jeweils das Anfangsvermögen bei der Eheschließung sowie das Endvermögen zum Zeitpunkt der Zustellung des Scheidungsantrags festgestellt (vgl. Seite 15 f.). Gemäß § 1379 Absatz 2 BGB sind beide Ehegatten verpflichtet, sich gegenseitig Auskunft über ihr Vermögen zu erteilen, sobald der Scheidungsantrag rechtshängig ist. Rechtshängig ist eine Scheidung, wenn der Scheidungsantrag dem anderen Ehegatten zugestellt wurde. Spätestens zu diesem Zeitpunkt sollten Sie Ihren Partner schriftlich und unter Setzung einer Frist von rund vier Wochen zur Auskunftserteilung auffordern. Kommt er dieser Pflicht nicht nach, können Sie beim Familiengericht eine Auskunftsklage erheben. Jeder Ehegatte muss gemäß § 260 BGB ein Verzeichnis der zum Endvermögen gehörenden Vermögensgegenstände vorlegen (vgl. Seite 18 f.). Außerdem kann jeder Ehepartner von dem anderen verlangen, dass er bei der Erstellung des Verzeichnisses hinzugezogen und der Wert der Vermögensgegenstände sowie der Verbindlichkeiten ermittelt wird.

Keine Berücksichtigung eines geschenkten Pkws

Schenken die Eltern ihrem verheirateten Sohn einen Pkw für die Fahrten zum Arbeitsplatz, dann dient dieses Geschenk lediglich der Deckung des laufenden Lebensunterhalts, und sein Wert darf bei einer späteren Ehescheidung gemäß § 1374 Absatz 2 BGB nicht dem Anfangsvermögen des Sohnes hinzugerechnet werden.

Urteil des Oberlandesgerichts Karlsruhe vom 8. 3. 2001 – Aktenzeichen 5 WF 14/01

Wertausgleich bei Gütertrennung

Auch Eheleute, die in Gütertrennung leben, können unter Umständen bei der Scheidung einen Ausgleichsanspruch gegeneinander haben. Dies ist z.B. der Fall, wenn die Ehefrau jahrzehntelang in der Firma ihres Ehemanns mitgearbeitet und maßgeblich zu einer beträchtlichen Wertsteigerung beigetragen hat. Der Frau steht hier ein angemessener Wertausgleich zu.

Urteil des Bundesgerichtshofs vom 13. 7. 1994 – Aktenzeichen XII ZR 1/93

Ein Zugewinn ist vorhanden, wenn das Endvermögen größer ist als das Anfangsvermögen eines Ehegatten. Derjenige Ehepartner, der nach dieser Gegenüberstellung den größeren Zugewinn hat, muss dem anderen die Hälfte des Differenzbetrags abgeben. Kann am Ende der Ehe kein Vermögenszuwachs festgestellt werden oder sind nur Schulden vorhanden, dann liegt auch kein Zugewinn vor, der ausgeglichen werden könnte. Schulden eines Ehepartners sind nicht ausgleichspflichtig.

Beispiel

	Ehefrau	Ehemann
Endvermögen bei Einreichung der Scheidung	5.000 Euro	30.000 Euro
abzüglich Schulden	0 Euro	20.000 Euro
	5.000 Euro	10.000 Euro
abzüglich **Anfangsvermögen** bei Eheschließung	3.000 Euro	5.000 Euro
Zugewinn	2.000 Euro	5.000 Euro

Da der Zugewinn des Ehemannes in Höhe von 5.000 Euro den Zugewinn der Ehefrau von 2.000 Euro um 3.000 Euro übersteigt, muss der Ehemann die Hälfte, also 1.500 Euro, als Zugewinnausgleich an die Ehefrau zahlen.

Der Zugewinnausgleich ist in der Regel als Geldzahlung zu leisten. Ein Ehepartner hat grundsätzlich keinen Anspruch auf die Herausgabe bestimmter Wertgegenstände. Etwas anderes gilt allenfalls dann, wenn ein Ehegatte nicht zahlungsfähig ist. Dann können Sie sich auf bestimmte Wertgegenstände als Ausgleichsmöglichkeit einigen (etwa ein Auto oder eine wertvolle Antiquität). Der Wert solcher Gegenstände wird mit der Ausgleichsforderung verrechnet. Können sich die Ehegatten nicht einigen, kann beim Familiengericht beantragt werden, dass bestimmte Wertgegenstände im Rahmen des Zugewinnausgleichs übertragen werden. Ist der Ausgleichspflichtige nicht zahlungsfähig, kann er um Stundung oder Ratenzahlung bitten. In diesem Fall sollten Sie sich – vor allem bei einem größeren Ausgleichsanspruch – unbedingt eine Sicherheit geben lassen, beispielsweise in Form einer Bankbürgschaft.

Sonderfall gemeinsame Immobilie

Sind Sie und Ihr Ehepartner gemeinsame Eigentümer eines Hauses oder einer Wohnung, ist Folgendes zu beachten: Wenn Sie beide zu gleichen Teilen als Eigentümer im Grundbuch eingetragen sind, gehört jedem die so genannte ideelle Hälfte des Objektes. In diesem Fall müssen Sie sich bei der Scheidung darüber einigen, wie dieses gemeinsame Eigentum zwischen Ihnen aufgeteilt werden soll.

Die verschiedenen Güterstände in der Ehe

Folgende Möglichkeiten kommen in Betracht:

- Ein Ehepartner erhält das Alleineigentum an der Immobilie und zahlt dem anderen die Hälfte des Verkehrswertes (natürlich abzüglich eventueller Belastungen) aus.
- Ist nicht genug Bargeld für eine Einmalzahlung vorhanden, kann eine Ratenzahlung vereinbart werden.
- Denkbar ist auch die Verrechnung mit eventuellen Unterhalts- oder Versorgungsausgleichsansprüchen. Hierbei sollten Sie sich allerdings anwaltlich beraten lassen.
- Sollten diese Lösungen allesamt ausscheiden, muss das Haus bzw. die Wohnung verkauft und der Erlös geteilt werden.
- Scheitert der Verkauf, etwa weil sich die Partner nicht einigen können, bleibt nur noch die schlechteste Variante übrig, die öffentliche Versteigerung des Objekts. Der Erlös, der meist erheblich niedriger als bei einem freien Verkauf ausfällt, wird dann zwischen den Partnern geteilt.

Zwangsversteigerung – meist die schlechteste Lösung

Die eheliche Lebensgemeinschaft

Kein Zugewinnausgleich wegen grober Unbilligkeit

Der Zugewinnausgleich kann allerdings nach den Umständen des Einzelfalles grob unbillig sein. Dann darf nach § 1381 BGB die Leistung einer entsprechenden Ausgleichsforderung verweigert werden. Grobe Unbilligkeit liegt etwa dann vor, wenn der Ehegatte, der den geringeren Zugewinn erzielt hat, über längere Zeit hinweg die wirtschaftlichen Verpflichtungen aus dem ehelichen Verhältnis schuldhaft nicht erfüllte, indem er beispielsweise die Unterhaltspflicht während der Ehe oder der Trennungszeit verletzt hat. Auch ein Fehlverhalten im persönlichen Bereich kann als grobe Unbilligkeit gelten, so wenn z.B. ein Ehegatte eine langjährige außereheliche Beziehung gelebt hat, aus der ein Kind hervorgegangen ist, oder wenn der an sich ausgleichspflichtige Ehepartner jahrzehntelang unterdrückt und missachtet wurde.

Verletzung der Unterhaltspflicht während der Ehe oder Trennungszeit

Vorzeitiger Zugewinnausgleich

Leben die Ehegatten seit mindestens drei Jahren getrennt, dann kann jeder von ihnen auf vorzeitigen Zugewinnausgleich klagen (§ 1385 BGB). Dasselbe gilt in folgenden Fällen:

Ehegatte hat wirtschaftliche Verpflichtungen schuldhaft nicht erfüllt

- Der andere Ehegatte hat längere Zeit hindurch die wirtschaftlichen Verpflichtungen, die sich aus der ehelichen Lebensgemeinschaft ergeben, schuldhaft nicht erfüllt und wird sie aller Voraussicht nach auch künftig nicht erfüllen (z.B. seiner Unterhaltspflicht nicht nachkommen). Was als längere Zeit gilt, kann nicht pauschal beantwortet werden, sondern hängt von der Dauer der Ehe ab.
- Der andere Ehegatte hat ohne die erforderliche Zustimmung über sein Vermögen im Ganzen verfügt (§ 1365 BGB).
- Der andere Ehegatte hat sein Vermögen durch Schenkung oder Verschwendung vermindert (§ 1375 BGB), so dass eine erhebliche Gefährdung der künftigen Ausgleichsforderung zu befürchten ist.
- Ein Ehegatte weigert sich ohne ausreichenden Grund beharrlich, den anderen Ehegatten über den Bestand seines Vermögens zu unterrichten (§ 1386 Absatz 3 BGB).

Die Klage auf vorzeitigen Zugewinnausgleich kann nicht im Scheidungsverbund erhoben werden, ist jedoch auch nach Rechtshängigkeit des Scheidungsantrags (vgl. Seite 19) noch zulässig.

Zugewinnausgleich im Todesfall
Stirbt ein Ehepartner, der im Güterstand der Zugewinngemeinschaft gelebt hat, dann wird der Zugewinn ebenfalls ausgeglichen. In diesem Fall erhöht sich der gesetzliche Erbteil des überlebenden Partners um ein Viertel der Erbschaft. Dabei ist unerheblich, ob die Ehegatten im Einzelfall einen Zugewinn erzielt haben (§ 1371 BGB). Ist ein Ehegatte nicht Erbe (z.B. weil er testamentarisch von der Erbfolge ausgeschlossen wurde) und steht ihm auch kein Vermächtnis zu, dann kann er den Zugewinnausgleich nach den Vorschriften des Eherechts (§§ 1373 bis 1383, 1390 BGB) verlangen (vgl. Seite 19 f.). In diesem Fall erhält der überlebende Ehegatte lediglich den so genannten kleinen Pflichtteil. Hierbei handelt es sich um die Hälfte des sich nach § 1931 BGB ergebenden Erbteils.

Schlägt der überlebende Ehepartner die Erbschaft aus, so kann er neben dem Zugewinnausgleich den Pflichtteil auch dann verlangen, wenn ihm dieser nach den erbrechtlichen Bestimmungen nicht zustünde. Hierbei handelt es sich ebenfalls um den kleinen Pflichtteilsanspruch. Dies kann im Einzelfall sinnvoll sein, insbesondere wenn das Vermögen überwiegend aus Zugewinn besteht. Etwas anderes gilt lediglich dann, wenn er durch Vertrag mit seinem Ehegatten auf ein gesetzliches Erbrecht oder auf seinen Pflichtteil verzichtet hat.

> **Tipp**
>
> Ausführliche Informationen zum Erbrecht bietet der Ratgeber »So erben Ehepartner« (184 Seiten, 9,80 Euro), den Sie bei allen Verbraucherzentralen erhalten (vgl. Seite 141).

Hatte der verstorbene Ehegatte Kinder, die nicht aus der durch den Tod dieses Ehegatten aufgelösten Ehe stammen, ist der Witwer oder die Witwe verpflichtet, diesen Kindern – sofern und soweit sie dessen bedürfen – aus dem zum Zugewinnausgleich zusätzlich gewährten Viertel eine angemessene Ausbildung zu finanzieren, auch wenn sonst kein Unterhaltsanspruch besteht.

Gütertrennung

Die Gütertrennung tritt ein, wenn die Ehepartner den gesetzlichen Güterstand der Zugewinngemeinschaft durch Ehevertrag entweder bereits zum Zeitpunkt der Hochzeit ausschließen oder im Laufe ihrer Ehe aufgeben (§ 1414 BGB). Gleiches gilt auch dann, wenn eine bestehende Gütergemeinschaft aufgehoben wurde oder wenn die Ehegatten lediglich den Zugewinnausgleich oder den Versorgungsausgleich vertraglich ausschließen. Im Falle der Gütertrennung stehen sich die Ehegatten vermögensrechtlich wie unverheiratete Personen gegenüber. Das heißt, jeder behält sein Vermögen, kann es allein verwalten und frei darüber verfügen. Dagegen dürfen Ehepartner, die im Güterstand der Zugewinngemeinschaft leben, nach § 1365 BGB nicht ohne die Einwilligung des anderen über ihr gesamtes Vermögen verfügen. Auf diese Weise soll der andere Ehegatte unter anderem vor einer Gefährdung seines Anspruchs auf einen etwaigen späteren Zugewinnausgleich geschützt werden. Mit Ausnahme der Geschäfte des täglichen Lebens (z.B. für den gemeinsamen Haushalt) haften die in Gütertrennung lebenden Partner nur für ihre eigenen Schulden. Wurde allerdings gemeinsam ein Kredit aufgenommen und der Darlehensvertrag von beiden unterzeichnet, dann haften auch beide als Gesamtschuldner.

> **Ausschluss des Versorgungsausgleichs bei Gütertrennung**
>
> Gemäß § 1587 c Nr. 1 BGB kann der Versorgungsausgleich ganz oder teilweise wegen grober Unbilligkeit ausgeschlossen werden, wenn ein Ehepartner bei vereinbarter Gütertrennung seine Altersversorgung auf Rentenanwartschaften aufbaut, die in den Versorgungsausgleich fallen, während der andere sie auf Vermögenswerte gründet, die in den Zugewinnausgleich fallen würden.
>
> *Beschluss des Oberlandesgerichts Bamberg vom 22. 2. 2000 – Aktenzeichen 2 UF 48/99*

Eventueller Zugewinn wird nicht ausgeglichen

Ein weiterer Unterschied zur Zugewinngemeinschaft besteht darin, dass bei einer Gütertrennung ein während der Ehe erwirtschafteter Zugewinn weder bei Scheidung noch beim Tode eines Ehegatten ausgeglichen wird. Das Erbrecht des überlebenden Ehegatten wird allerdings hiervon nicht berührt, und auch die Eigentumsvermutung nach § 1362 BGB zugunsten eines Gläubigers gilt weiter. Danach darf ein Gläubiger des Ehemannes oder der Ehefrau davon ausgehen, dass ein Gegenstand, der sich im Besitz eines oder beider Ehegatten befindet, dem Schuldner gehört.

Notarielle Beglaubigung erforderlich

Ein Ehevertrag, mit dem die Gütertrennung vereinbart wird, muss notariell beglaubigt werden, sonst gilt weiterhin der gesetzliche Güterstand der Zugewinngemeinschaft. Die Gütertrennung kann jederzeit durch eine anders lautende ehevertragliche Regelung beendet werden. Vor Vereinbarung der Gütertrennung sollten sich beide Ehepartner – am besten getrennt voneinander – eingehend von einem Rechtsanwalt oder Notar beraten lassen.

Aufgrund der Gütertrennung können die Eheleute Dritten gegenüber nur Einwendungen gegen ein Rechtsgeschäft erheben, wenn die Gütertrennung im Güterrechtsregister des zuständigen Amtsgerichts eingetragen ist oder wenn sie dem Dritten bei Abschluss des Rechtsgeschäfts bekannt gewesen ist. Dann dürfen z.B. die Gläubiger eines Mannes, der mit seiner Firma Insolvenz anmelden musste und auf einem Schuldenberg sitzt, nicht auf das Privatvermögen seiner Frau zugreifen.

> **Sittenwidrige Eheverträge sind unwirksam**
>
> Nach einem Grundsatzurteil des Bundesgerichtshofs ist ein Ehevertrag nichtig, wenn einer der Partner extrem benachteiligt wird. Stellt sich während der Ehe ein finanzielles Ungleichgewicht zwischen den Partnern dar (z.B. durch eine erhebliche Gehaltserhöhung), dürfen die Gerichte einen Ehevertrag anpassen.
>
> *Urteil des Bundesgerichtshofs vom 11. 2. 2004 – Aktenzeichen XII ZR 265/02*

Wenn Sie Gütertrennung vereinbaren, sollten Sie auf einige Dinge besonders achten. Haben Sie z.B. gemeinsam mit Ihrem Ehepartner ein Haus finanziert, sind aber nicht als Miteigentümer im Grundbuch eingetragen, besteht im Falle einer Scheidung die Gefahr, dass Sie für Ihre Leistungen keinen Ausgleich erhalten. Aus diesem Grunde ist es ratsam, beim Immobilienkauf in einem notariellen Vertrag festzulegen, dass im Scheidungsfall das Eigentum an dieser Immobilie Ihnen ganz oder teilweise übertragen wird. Während der Ehezeit kann dieses Recht durch ein so genanntes Verfügungs- und Belastungsverbot in das Grundbuch eingetragen werden (»Absicherung durch Vormerkung«). Eine derartige Eintragung ist vor allem dann ratsam, wenn ein Ehegatte bei einer möglichen Insolvenz seiner Firma sein gesamtes Vermögen verlieren würde. Wird die Gütertrennung erst nach der Hochzeit vereinbart, muss im Ehevertrag auch geregelt werden, wie der bis dahin geltende Güterstand abgewickelt werden soll, in der Regel also, wie der bis dahin entstandene Zugewinn ausgeglichen wird.

Gütergemeinschaft

Die Gütergemeinschaft kann nur durch Ehevertrag geschlossen werden. Sie bewirkt in der Regel, dass das Vermögen des Mannes und das der Frau gemeinschaftliches Vermögen und damit zum gemeinsamen Eigentum beider werden. Es entsteht ein Gesamtgut, zu dem grundsätzlich auch Grundstücke, die spätere Erbschaft eines Ehegatten sowie die Einkünfte aus einem Erwerbsgeschäft gehören können. Über das Gesamtgut kann – sofern nichts anderes vereinbart wurde – nur gemeinsam verfügt werden. Deswegen ist für die Rechtswirksamkeit eines Rechtsgeschäfts, mit dem über das Gesamtgut verfügt wird, grundsätzlich die Zustimmung des anderen Ehegatten erforderlich. Verweigert er diese ohne hinreichenden Grund, kann das Vormundschaftsgericht sie auf Antrag ersetzen. Der andere Ehepartner kann die Verfügung auch nachträglich genehmigen (§§ 1453, 1366 BGB). Sonst ist die Verfügung unwirksam. Anders sieht es aus, wenn im Ehevertrag vereinbart wurde, dass ein Ehegatte das Gesamtgut allein verwalten soll. In diesem Fall darf er über Gegenstände aus dem Gesamtgut auch allein verfügen.

Für Rechtsgeschäfte ist Zustimmung des anderen Ehegatten notwendig

Neben dem Gesamtgut können die Ehegatten so genanntes Sondergut besitzen. Hierunter versteht man Gegenstände, die nicht durch ein Rechtsgeschäft (z.B. durch einen Verkauf) übertragbar sind, etwa ein Anspruch auf Schmerzensgeld oder eine nicht pfändbare Forderung (z.B. Rentenansprüche). Sondergut steht im alleinigen Eigentum des jeweiligen Ehepartners und unterliegt grundsätzlich seiner Verwaltung.

Sondergut

Außerdem können sich die Ehegatten im Ehevertrag einen bestimmten Vermögensgegenstand als Alleineigentum vorbehalten (so genanntes Vorbehaltsgut, § 1418 BGB). Hier käme beispielsweise das ererbte Vermögen eines Ehepartners in Betracht. Ein Vorbehaltsgut verwaltet der Ehegatte, dem es gehört, selbst und auf eigene Kosten (§ 1418 Absatz 3 BGB).

Die Gütergemeinschaft kann entweder durch beide Ehegatten per Vertrag aufgehoben werden oder ein Ehegatte kann sie im Klagewege durch Urteil aufheben lassen. Weit häufiger endet sie durch Scheidung oder den Tod eines Ehepartners. In dem zuletzt genannten Fall gehört der Anteil des verstorbenen Ehegatten am Gesamtgut zum Nachlass, und es gelten die allgemeinen erbrechtlichen Vorschriften (§ 1482 BGB). Die Gütergemeinschaft kann vertraglich auch so ausgestaltet werden, dass sie nach dem Tod eines Ehegatten zwischen dem Überlebenden und einem gemeinsamen Kind fortgesetzt wird. Diese Möglichkeit wird oft genutzt, um ein Gesamtgut als Familienvermögen zu erhalten. In der Praxis kann ein solches Rechtskonstrukt allerdings durch die verschiedenen Vermögensmassen ziemlich kompliziert werden.

Fortgesetzte Gütergemeinschaft

Lassen sich die Ehepartner einer Gütergemeinschaft scheiden, muss jeder dem anderen das zurückerstatten, was er eingebracht hat. Reicht der Wert des Gesamtgutes hierzu nicht aus, so ist der Fehlbetrag von den Ehegatten nach dem Verhältnis des Wertes des von ihnen Eingebrachten zu tragen.

> **Tipp**
>
> Ausführliche Informationen zum Erbrecht der Nachkommen bietet der Ratgeber »So erben Kinder« (176 Seiten, 9,80 Euro), den Sie bei allen Verbraucherzentralen erhalten (vgl. Seite 141).

Modifizierte Güterstände

Neben den Wahlgüterständen der Gütertrennung (§ 1414 BGB) und der Gütergemeinschaft (§ 1415 ff. BGB) können die Ehegatten in einem Ehevertrag die gesetzlichen güterrechtlichen Regelungen grundsätzlich individuell modifizieren.

Kein »neuer« Güterstand

Allerdings darf auf diesem Wege kein »neuer« Güterstand erfunden werden, wonach beispielsweise das Vermögen teils nach dem einen, teils nach dem anderen Güterrechtsprinzip geregelt würde. Ebenso sind Eheverträge unwirksam, durch die ein Ehegatte vermögensrechtlich entmündigt oder geknebelt wird. Derartige Regelungen wären sittenwidrig (§ 138 BGB).

Eine erlaubte Modifikation der gesetzlichen Regelungen betrifft beispielsweise die Verfügungsbeschränkungen über das Vermögen im Ganzen und über die Haushaltsgegenstände (§§ 1365, 1369 BGB).

> **Ehevertrag kann nichtig sein**
>
> Ein notarieller Ehevertrag, der einen Ehegatten bei der Altersversorgung gravierend benachteiligt, kann sittenwidrig und damit nichtig sein. Dies gilt auch, wenn ein Ehegatte ursprünglich einem Ausschluss des Versorgungsausgleichs zugestimmt hat. Nachteile wiegen besonders schwer, wenn sich ein Ehegatte um Haushalt und Kinder gekümmert und deshalb kaum eigene Rentenansprüche erworben hat. Da der Ausgleich der Altersversorgungsansprüche zum Kernbereich des gesetzlichen Scheidungsfolgenrechts gehört, ist er nur eingeschränkt vertraglich regelbar.
>
> *Beschluss des Bundesgerichtshofs vom 19. 11. 2004 – Aktenzeichen XII ZB 110/99*

Zulässig wären unter anderem die folgenden Vereinbarungen zum Zugewinnausgleich:

- Sie können ihn vollständig ausschließen, sowohl für den Fall, dass der Güterstand zu Lebzeiten beendet wird, als auch für den Fall, dass einer der Gatten stirbt.
- Sie können ihn nur für den Fall ausschließen, dass der Güterstand zu Lebzeiten (z.B. durch Scheidung) beendet wird.
- Sie können den Zugewinnausgleich auch lediglich für den Fall ausschließen, dass der Güterstand durch den Tod eines Ehegatten beendet wird. Hier kann der Ausschluss entweder mit oder ohne Kompensation erfolgen und unter bestimmten Bedingungen sowie Befristungen vereinbart werden. Ebenso ist eine betrags- und quotenmäßige Begrenzung zulässig.
- Sie können seine Durchführung an Vereinbarungen zum Anfangsvermögen knüpfen, etwa bestimmte Vermögenswerte ausschließen oder bestimmte Kriterien für deren Bewertung festlegen.
- Sie können vereinbaren, wie der Ausgleich bezahlt werden soll, z.B. Ratenzahlungen zulassen.

Ehegattenunterhalt

Das Unterhaltsrecht geht davon aus, dass die Ehegatten nach der Scheidung grundsätzlich allein für ihren Lebensunterhalt aufkommen sollen (Grundsatz der Eigenverantwortung). Deshalb besteht nur in bestimmten gesetzlich geregelten Fällen ein Unterhaltsanspruch gegenüber dem geschiedenen Ehepartner. Die im Folgenden aufgeführten Anspruchsgründe können auch nacheinander eintreten.

Betreuungsunterhalt (§ 1570 BGB)

Der geschiedene Ehegatte, der ein gemeinsames Kind pflegt und erzieht und deshalb nicht berufstätig sein kann, hat gegen den anderen Ehegatten einen Unterhaltsanspruch. Dies gilt grundsätzlich auch, wenn es sich um ein adoptiertes oder »scheineheliches« Kind handelt, das zwar nicht von dem geschiedenen Ehegatten abstammt, jedoch nach den Vorschriften des Familienrechts als eheliches Kind anzusehen ist (zumindest so lange, bis die Vaterschaft wirksam angefochten wurde). Wird ein nicht eheliches Kind oder ein Kind aus einer anderen Ehe versorgt, besteht kein Anspruch auf Betreuungsunterhalt.

Wenn Sie ein kleines Kind bis etwa zum achten Lebensjahr betreuen, kann Ihnen eine Erwerbstätigkeit in der Regel nicht zugemutet werden. Ist das Kind zwischen acht bis elf Jahre, darf Ihr geschiedener Ehepartner allenfalls eine Teilzeitbeschäftigung von Ihnen verlangen. Ist Ihr Kind zwischen elf und 15 Jahren, sind Sie in der Regel verpflichtet, wenigstens halbtags zu arbeiten. Haben Sie mehrere Kinder zu betreuen, so wird die Aufnahme einer Teilzeittätigkeit in der Regel erst als zumutbar angesehen, wenn das älteste Kind über 15 Jahre alt ist. Sollte das jüngste Kind noch keine acht Jahre alt sein, kann dagegen keine Erwerbstätigkeit von Ihnen verlangt werden.

Zumutbarkeit einer Erwerbstätigkeit

Diese Altersgrenzen stehen so nicht im Gesetz, sondern wurden durch die Rechtsprechung festgelegt. Reformen zum Unterhaltsrecht sind angekündigt.

Reform des Unterhaltsrechts

Ob eine Berufstätigkeit erwartet werden kann, wird immer auch danach beurteilt, ob Sie während der Ehe im Berufsleben standen. Wenn ja, wird man von Ihnen eher eine Erwerbstätigkeit erwarten können, als wenn Sie sich ausschließlich um den Haushalt gekümmert haben. Zusätzlich kommt es natürlich darauf an, wie groß Ihre Chancen nach der Scheidung sind, sich in das Berufsleben zu integrieren. Haben Sie eine qualifizierte Ausbildung, ist es Ihnen nach der Rechtsprechung eher zuzumuten, wieder in Ihrem Beruf zu arbeiten. Bei der Beurteilung dieser Frage sind außerdem die Lebensverhältnisse während der Ehe zu berücksichtigen. Haben Sie in guten bis gehobenen wirtschaftlichen Verhältnissen gelebt, kann es Ihnen gegebenenfalls unzumutbar sein, eine untergeordnete Hilfstätigkeit aufzunehmen.

Unterhalt wegen Alters (§ 1571 BGB)

Ein Unterhaltsanspruch kann bestehen, wenn einer der geschiedenen Ehegatten zu alt ist, um eine Erwerbstätigkeit aufzunehmen. Dieser Fall kann entweder schon zum Zeitpunkt der Scheidung oder auch erst später eintreten, so z.B. nach dem Wegfall eines Anspruchs auf Betreuungsunterhalt wegen der Beendigung der Pflege bzw. Erziehung eines gemeinschaftlichen Kindes sowie beim Fortfall eines Unterhaltsanspruchs wegen Krankheit oder fehlender angemessener Erwerbstätigkeit.

Keine feste Altersgrenze

Es gibt keine feste Altersgrenze für einen Unterhaltsanspruch nach § 1571 BGB. Ausschlaggebend sind vielmehr die Umstände des Einzelfalles sowie die Prognose, ob der geschiedene Ehepartner aufgrund seines Alters und seiner bisherigen Lebensgestaltung noch eine Arbeit finden kann. Auch hier kommt es auf die früher ausgeübte Beschäftigung an und darauf, wie lange diese Berufstätigkeit unterbrochen wurde. Ebenso sind der Gesundheitszustand des Unterhaltbegehrenden sowie eventuelle Veränderungen im Berufsbild der früheren Tätigkeit zu berücksichtigen.

Unterhalt wegen Krankheit (§ 1572 BGB)

Ein geschiedener Ehegatte kann von dem anderen Ehegatten Unterhalt verlangen, wenn er infolge Krankheit oder anderer Gebrechen nicht in der Lage ist, eine Erwerbstätigkeit auszuüben. Allerdings greift dieser Anspruchstatbestand nur, wenn die Krankheit

- bei der Ehescheidung,
- bei der Beendigung der Pflege oder Erziehung eines gemeinschaftlichen Kindes,

→ bei der Beendigung einer Ausbildung, Fortbildung oder Umschulung oder
→ zu dem Zeitpunkt besteht, in dem feststeht, dass der Unterhaltbegehrende trotz intensiver Bemühungen keine angemessene Erwerbstätigkeit finden kann.

In einem derartigen Fall müssen Sie zur Geltendmachung eines Unterhaltsanspruchs Ihre Arbeitsunfähigkeit durch ein ärztliches Attest belegen. Selbstverständlich gelten nicht nur körperliche Gesundheitsbeeinträchtigungen als Krankheit im Sinne dieses Gesetzes, sondern auch seelische.

Unterhalt wegen Erwerbslosigkeit und Aufstockungsunterhalt (§ 1573 BGB)

Gemäß § 1573 BGB besteht ein Unterhaltsanspruch, wenn die Situation auf dem Arbeitsmarkt derart angespannt ist, dass etwa nach langer Berufspause keine Chance auf eine Erwerbstätigkeit besteht oder wenn ein Ehegatte aus anderen Gründen nach der Scheidung keine angemessene Beschäftigung finden kann. Wann eine Erwerbstätigkeit »angemessen« ist, hängt einerseits von der Ausbildung, den Fähigkeiten, dem Alter und dem Gesundheitszustand des unterhaltbegehrenden Ehegatten ab sowie andererseits von den ehelichen Lebensverhältnissen und der Ehedauer. Der unterhaltbegehrende Ehegatte hat grundsätzlich keinen Anspruch darauf, nach der Scheidung wieder in seinem früher ausgeübten Beruf tätig zu sein. Kann er in seinem erlernten Beruf keine Stelle finden, ist er verpflichtet, sich um eine andere Tätigkeit gleicher Qualifikation zu bemühen.

> **Zeitliche Nähe zwischen Scheidung und Erwerbsunfähigkeit**
>
> Eine zum Zeitpunkt der Ehescheidung nur latent vorhandene Erkrankung kann keinen Unterhaltsanspruch nach § 1572 Nr. 1 BGB begründen, wenn sie nicht in einem nahen zeitlichen Zusammenhang mit der Scheidung ausgebrochen ist und zur Erwerbsunfähigkeit des Unterhaltsberechtigten geführt hat.
> *Urteil des Bundesgerichtshofs vom 27. 6. 2001 – Aktenzeichen XII ZR 135/99*

Die Anforderungen, die an die Arbeitsplatzsuche gestellt werden, sind hoch. Unter Umständen kann von Ihnen verlangt werden, eine neue oder zusätzliche Ausbildung zu absolvieren oder in eine an-

Unter Umständen muss neue oder zusätzliche Ausbildung absolviert werden

dere Stadt zu ziehen, in der es für Sie einen geeigneten Job gibt. Auf jeden Fall müssen Sie sich bei der Agentur für Arbeit melden und sich darüber hinaus in Eigeninitiative auf Stellenangebote bewerben. Hierbei wird in der Rechtsprechung eine Bewerbung pro Tag als zumutbar angesehen. Darüber hinaus kann von Ihnen verlangt werden, Stellengesuche aufzugeben. Der leistungsfähige geschiedene Ehegatte muss erst Unterhalt zahlen, wenn sämtliche Bemühungen um einen Arbeitsplatz fehlgeschlagen sind.

> **Keine Pflicht zur Arbeitsaufnahme nach langer Ehedauer**
>
> Eine geschiedene Ehefrau, die während ihrer 30-jährigen Ehe nicht erwerbstätig war, ist nicht verpflichtet, nach der Scheidung eine Arbeit aufzunehmen, damit ihr Ex-Ehemann Unterhaltskosten spart. Der geschiedenen Ehefrau stehen in diesem Fall ein Elementarunterhalt sowie Altersvorsorge-, Krankenvorsorge- und Pflegevorsorgeunterhalt zu.
>
> Urteil des Oberlandesgerichts Schleswig-Holstein vom 12. 3. 1998 – Aktenzeichen 13 UF 70/97

Ein Anspruch auf Unterhalt wegen Arbeitslosigkeit kann nachträglich entstehen, falls eine zunächst ausgeübte Tätigkeit nicht fortgesetzt werden kann. Hier ist anzunehmen, dass der Unterhalt des geschiedenen Ehegatten – trotz eigener Bemühungen – nicht nachhaltig gesichert war. Wenn Sie berufstätig sind, Ihr Verdienst jedoch Ihren Lebensbedarf nicht vollständig abdeckt, können Sie von Ihrem geschiedenen Ehegatten einen so genannten Aufstockungsunterhalt verlangen. Dessen Höhe bemisst sich grundsätzlich nach den Lebensstandard während der Ehezeit.

Unterhalt für Ausbildung, Fortbildung oder Umschulung (§ 1575 BGB)

Hat ein Ehegatte bei der Heirat oder während der Ehe seine Ausbildung abgebrochen oder gar nicht erst begonnen (beispielsweise wegen einer Schwangerschaft oder der Kinderbetreuung), dann kann der andere Ehegatte nach der Scheidung verpflichtet sein, ihm für die Zeit der Ausbildung, Fortbildung oder Umschulung Unterhalt zu zahlen. Auf diese Weise soll dem während der Ehe nicht erwerbstätigen Ehegatten die Wiedereingliederung in das Berufsleben erleichtert und die Aufnahme einer angemessenen Erwerbstätigkeit ermöglicht werden.

Einen solchen Unterhaltsanspruch haben Sie gegen Ihren geschiedenen Ehegatten sowohl in dem Fall, dass Sie selbst eine Ausbildung absolvieren möchten, um künftig finanziell unabhängig zu sein, als auch dann, wenn der geschiedene Ehegatte auf Ihrer Ausbildung besteht, damit er auf Dauer weitere Unterhaltsleistungen einspart. Bevor Sie Ihren Unterhaltsanspruch geltend machen, sollten Sie sich von der Agentur für Arbeit bescheinigen lassen, dass Sie ohne eine entsprechende Ausbildung auf dem Arbeitsmarkt keine Chance auf eine angemessene Beschäftigung haben. Aus dieser Bescheinigung sollte hervorgehen, dass bei Ihnen ein erfolgreicher Ausbildungsabschluss erwartet werden kann und Sie nach Beendigung der Ausbildung mit einer Stelle rechnen können. Sollte sich Ihr geschiedener Ehegatte weigern, Ihre Ausbildung freiwillig zu finanzieren, können Sie Ihren Unterhaltsanspruch beim Familiengericht einklagen.

Bescheinigung der Agentur für Arbeit

Unterhalt aus Billigkeitsgründen (§ 1576 BGB)

Manchmal besteht ein Unterhaltsanspruch, wenn von einem geschiedenen Ehegatten aus schwer wiegenden Gründen keine Erwerbstätigkeit erwartet werden kann und die Versagung des Unterhalts unter Berücksichtigung aller Umstände als grob unbillig anzusehen wäre. Ein solcher Fall wäre beispielsweise anzunehmen, wenn Sie nach der Scheidung ein während der Ehe gemeinsam aufgenommenes Pflegekind weiter betreuen wollen und deshalb keinen Beruf ausüben können.

Berechnung der Unterhaltshöhe

Die Berechnung der Höhe des nachehelichen Unterhalts ist nicht gesetzlich geregelt und wird von den Gerichten regional unterschiedlich gehandhabt. Grundsätzlich wird aber das so genannte bereinigte Nettoeinkommen des verdienenden oder mehr verdienenden Ehegatten zugrunde gelegt. Unter bereinigtem Nettoeinkommen ver-

Grundlage ist das bereinigte Nettoeinkommen

steht man – vereinfacht ausgedrückt – das gesamte Bruttoeinkommen aus selbstständiger oder unselbstständiger Erwerbstätigkeit abzüglich Steuer, Sozialversicherung sowie berufsbedingter und anderer abzugsfähiger Aufwendungen (Fahrtkosten zur Arbeitsstelle, Arbeitskleidung, Fachliteratur, Bürokosten und so weiter). Von diesem bereinigten Nettoeinkommen erhält der unterhaltsberechtigte Ehegatte je nach Region drei Siebtel bzw. zwei Fünftel. Sind beide geschiedenen Ehegatten erwerbstätig, berechnet sich der Unterhalt nach der Differenz zwischen ihren bereinigten Nettoeinkommen: Der weniger verdienende Ehegatte erhält dann in der Regel drei Siebtel von diesem Differenzbetrag.

Steuerliche Vorteile durch eine neue Ehe dürfen nach einem Beschluss des Bundesverfassungsgerichts nicht in die Unterhaltsberechnung für den geschiedenen Ehegatten einfließen. Diese dienen ausschließlich einer steuerlichen Entlastung der bestehenden Ehe.

> **Wer Hausmann ist, muss trotzdem zahlen**
>
> Übernimmt ein geschiedener unterhaltspflichtiger Ehegatte in seiner zweiten Ehe die Rolle des Hausmanns, kann er sich dadurch nicht seiner Verpflichtung zur Unterhaltsleistung entziehen. Der Unterhaltsanspruch der geschiedenen Frau hat grundsätzlich Vorrang vor den Pflichten gegenüber der zweiten Ehefrau.
>
> Urteil des Bundesgerichtshofs vom 18. 3. 1996 – Aktenzeichen XII ZR 2/95

Der Ehegattenunterhalt kann wegen grober Unbilligkeit versagt, herabgesetzt oder zeitlich begrenzt werden, selbst wenn sämtliche Voraussetzungen erfüllt sind. Grobe Unbilligkeit sieht der Gesetzgeber gemäß den in § 1579 BGB aufgeführten Fällen:

- War das Paar nur kurze Zeit verheiratet (in der Regel bis zu zwei Jahre) und hat keine gemeinsamen Kinder, entfällt der Unterhaltsanspruch. Selbst wenn Kinder da sind, kann der Unterhalt nach der Rechtsprechung des Bundesverfassungsgerichts unter bestimmten Voraussetzungen aus Billigkeitsgründen gekürzt oder zeitlich begrenzt werden (Aktenzeichen 1 BvR 537/87).
- Der Unterhaltsberechtigte hat sich eines Verbrechens oder eines schweren vorsätzlichen Vergehens gegenüber dem Unterhaltsverpflichteten oder einem seiner nahen Verwandten schuldig gemacht. Das können Misshandlungen oder Diebstahl sein, aber auch eine schwer wiegende Verletzung der Fürsorge- und Erziehungspflicht gegenüber den Kindern.

- Der Unterhaltsberechtigte hat seine Bedürftigkeit etwa durch die Aufgabe seiner gut bezahlten Stellung mutwillig herbeigeführt.
- Der Unterhaltsberechtigte hat sich über schwer wiegende Vermögensinteressen des anderen mutwillig hinweggesetzt, indem er ihn beispielsweise bei seinem Arbeitgeber angeschwärzt hat, um seine Kündigung herbeizuführen.
- Der Unterhaltsberechtigte hat schon vor der Trennung seine Pflicht, zum Familienunterhalt beizutragen, über längere Zeit gröblich verletzt. Klassisches Beispiel ist der zechende Ehegatte, der regelmäßig sein gesamtes Gehalt in Kneipen oder Spielkasinos durchbringt, während seine Frau neben Haushalt und Kindern arbeiten gehen muss, um den Lebensbedarf der Familie zu sichern. Dieser Mann könnte wegen grober Unbilligkeit später nicht noch Unterhalt von seiner geschiedenen Ehefrau verlangen.
- Der Unterhaltsberechtigte hat sich offensichtlich einseitig eines Fehlverhaltens schuldig gemacht, seinen Ehepartner etwa schwer gekränkt, öffentlich der Lächerlichkeit preisgegeben oder in hilfloser Lage aufgrund einer ernsten Erkrankung im Stich gelassen. Nach der Rechtsprechung der Familiengerichte gilt dies auch, wenn der unterhaltbegehrende Ehegatte trotz bestehender Ehe mit einem anderen Menschen zusammenlebt, intime Beziehungen zu wechselnden Partnern aufnimmt oder ein auf längere Zeit angelegtes intimes Verhältnis mit einem anderen unterhält.

> **Kein Unterhalt wegen mangelnder nachehelicher Loyalität**
>
> Zeigt eine unterhaltsberechtigte Ehefrau ihren geschiedenen Ehemann wegen einer strafbaren Handlung an, kann sie durch dieses Verhalten ihren Unterhaltsanspruch auch dann verwirken, wenn die Strafanzeige begründet ist, das angezeigte Delikt jedoch weder den früheren ehelichen Bereich noch die Ehefrau selbst betrifft. In einem solchen Fall darf die geschiedene Frau aufgrund der nach der Scheidung fortwirkenden ehelichen Loyalität nicht zur Denunziantin werden.
>
> *Urteil des Oberlandesgerichts Zweibrücken vom 7. 12. 1999 – Aktenzeichen 5 UF 36/99*

Die Aufzählung in § 1579 BGB ist nicht abschließend. Deshalb kommt die »Billigkeitsklausel« in vergleichbaren Härtefällen ebenfalls zum Tragen und kann zu einer Versagung des Unterhaltsanspruchs führen. Auf diese Weise wird wieder ein Stück »Schuldprinzip« in das Eherecht hineingetragen. Dies führt unvermeidlich dazu, dass in Unterhaltsverfahren oftmals »schmutzige Wäsche« zwischen den Parteien »gewaschen« wird. Allerdings haben die Interessen der Kinder in solchen Verfahren vor den Interessen des unterhaltspflichtigen Elternteils Vorrang. Die Anwendung der Billig-

Aufzählung ist nicht abschließend

keitsklausel darf sich niemals zum Nachteil gemeinsamer Kinder auswirken, so dass der Unterhalt beanspruchende Ehegatte etwa die Kinderbetreuung vernachlässigen müsste, um eine angemessene Berufstätigkeit ausüben zu können.

Außer in den Fällen des § 1579 BGB entfällt der Unterhaltsanspruch nach der Rechtsprechung in der Regel ebenfalls, wenn Sie nach der Scheidung mit einem neuen Partner zusammenleben. Dies gilt auch, wenn Sie diesen nicht heiraten und wenn Sie noch ein aus Ihrer Ehe stammendes Kind betreuen. Zumindest würde Ihr Betreuungsunterhalt in diesem Fall gekürzt. Die Familiengerichte begründen dies damit, dass ein Unterhaltsberechtigter durch das Zusammenleben mit einem neuen Partner Kosten einspare, die er sich anrechnen lassen müsse. Der unterhaltspflichtige Ehegatte muss dann nur noch den Differenzbetrag zahlen, der nach Abzug dieses Betrages vom Betreuungsunterhalt übrig bleibt. Diese Regelung findet sogar in den Fällen Anwendung, in denen die Partner die Woche über an verschiedenen Orten leben und nur am Wochenende zusammen wohnen.

> **Unterhaltskürzung wegen Wochenendpartnerschaft**
>
> Lebt ein geschiedener Ehegatte mit seinem neuen Partner zwar nicht in einer gemeinsamen Wohnung, tritt jedoch nach außen mit ihm als Paar auf und wohnt mit ihm und den zu betreuenden Kindern an den Wochenenden zusammen, dann verwirkt er dadurch einen Teil seines Unterhaltsanspruchs, auch wenn er noch Kinder aus seiner geschiedenen Ehe betreut.
>
> *Beschluss des Oberlandesgerichts Hamm vom 21. 2. 2000 – Aktenzeichen 8 UF 475/99*

Vorsicht: Sozialfall droht

Der Unterhaltsanspruch erlischt vollständig, wenn der Unterhaltsberechtigte nach der Scheidung wieder heiratet oder seinen angemessenen Unterhalt selbst finanzieren kann. Sollte Ihr unterhaltsverpflichteter Ehegatte versterben, müssen seine Erben (unter Umständen auch die Witwe) grundsätzlich Ihren Unterhalt weiterhin zahlen. Allerdings wird die Höhe des Unterhalts in diesem Fall auf den so genannten Pflichtteil begrenzt. Sollte nach dem Ableben des Unterhaltspflichtigen kein nennenswertes Vermögen vorhanden sein, entfällt Ihr Unterhaltsanspruch. Da es die »Geschiedenenrente« seit der Eherechtsreform von 1977 nicht mehr gibt, sollten Frauen – insbesondere wenn sie voraussichtlich über lange Jahre die Haushaltsführung übernehmen werden – mit dem Ehegatten möglichst rechtzeitig eine ehevertragliche Regelung darüber treffen, in welcher Form die Altersversorgung nach einer eventuellen Scheidung abgesichert werden soll. Anderenfalls könnten sie nach dessen Tod schnell zum Sozialfall werden. Vereinbarungen bezüglich des nachehelichen Unterhalts dürfen Ehegatten nach § 1585 c BGB bereits vor der Eheschließung bzw. am Hochzeitstag treffen. Ein Verzicht auf einen künftigen Getrenntlebenunterhalt – also auf den Unterhalt, der während des Trennungsjahres bzw. der Trennungsjahre gegebenenfalls gezahlt werden muss – ist hingegen rechtlich unzulässig.

Die Zulässigkeit von Unterhaltsvereinbarungen findet dort ihre Grenzen, wo gegen die guten Sitten (§ 138 BGB) oder gegen den Grundsatz von »Treu und Glauben« (§ 242 BGB) verstoßen wird. Eine Sittenwidrigkeit kann insbesondere dann vorliegen, wenn auf Unterhalt verzichtet wurde, um den Sozialhilfeträger zu benachteiligen. Außerdem hat der Bundesgerichtshof in seiner jüngsten Rechtsprechung erklärt, dass die Unterhaltsverpflichtung bei Kindesbetreuung, Alter und Krankheit nur eingeschränkt modifiziert werden darf, weil diese zum Kernbereich der Scheidungsfolgen gehört.

> **Nachträgliche Korrektur von Eheverträgen**
>
> Bekommt ein Ehepaar entgegen der ursprünglichen Familienplanung während der Ehe doch Kinder, dann können Geschiedene Zahlungen zur Altersvorsorge neben einem Unterhalt für die Zeit der Kinderbetreuung auch dann beanspruchen, wenn dies in einem Ehevertrag ausgeschlossen wurde.
>
> *Urteil des Bundesgerichtshofs vom 25. 5. 2005 – Aktenzeichen XII ZR 221/02 und 296/01*

Besonders genau prüfen die Gerichte Unterhaltsvereinbarungen, wenn eine schwangere Frau mit ihrem Ehemann oder künftigen Gatten eine Unterhaltsvereinbarung abschließt. Das Bundesverfassungsgericht sah in einer Entscheidung vom 6. Februar 2001 einen Ehevertrag als sittenwidrig an, der in einer solchen persönlichen Situation neben der Gütertrennung, dem Ausschluss des Versorgungsausgleichs und der Freistellung von Kindesunterhalt auch einen Verzicht auf den nachehelichen Unterhalt enthielt. In einer anderen Entscheidung hat das Bundesverfassungsgericht den Abschluss eines Ehevertrages für unwirksam erklärt, in dem der Ehemann die Eheschließung mit seiner zum Zeitpunkt des Vertragsabschlusses schwangeren Frau unter anderem von einem Unterhaltsverzicht nach der Scheidung abhängig gemacht hat. Ein kompletter Unterhaltsverzicht dürfte nur dann unproblematisch sein, wenn beide Ehegatten berufstätig sind und keine Kinder haben. Für den Fall, dass ein Kind geboren wird, sollte in der Regel besser kein Unterhaltsverzicht vereinbart werden. Zulässig wäre hingegen eine Kompensation durch

Kompletter Unterhaltsverzicht

Die eheliche Lebensgemeinschaft

andere Leistungen, beispielsweise durch die Übertragung einer Immobilie auf den unterhaltsberechtigten Ehegatten.

Weitere Unterhaltsregelungen wären:

- Unterhaltsverzicht mit Ausnahme des Notbedarfs (z.B. wenn der unterhaltsberechtigte Ehegatte Ansprüche nach dem Grundsicherungsgesetz hätte),
- Unterhaltsverzicht mit Ausnahme des Unterhalts wegen Betreuung eines Kindes,
- Unterhaltsverzicht mit Ausnahme des Falles, dass ein gemeinsames Kind geboren oder angenommen wird und der betreuende Ehegatte seine Berufstätigkeit dann ganz oder teilweise aufgibt,

Unterhaltsverzicht mit Rücktrittsrecht
- Unterhaltsverzicht mit Rücktrittsrecht eines Ehegatten für den Fall, das ein gemeinsames Kind geboren oder angenommen wird und dieser Ehegatte für die Betreuung des Kindes seine Berufstätigkeit ganz oder teilweise aufgibt,
- Unterhaltsverzicht bei kurzer Ehedauer (z.B. wenn die Ehe nicht länger als drei Jahre gedauert hat),
- Unterhaltsverzicht gegen Zahlung einer Abfindung,
- zeitliche Begrenzung der Unterhaltsleistung mit oder ohne Berücksichtigung der Ehedauer,
- Verzicht auf den Aufstockungsunterhalt, der sich an den früheren ehelichen Lebensverhältnissen orientiert,
- Vereinbarung einer wertgesicherten Höchstgrenze des Unterhalts,
- Festlegung der wertgesicherten Höchstbeträge des nachehelichen Unterhalts, gestaffelt nach Einkommen bzw. nach Ehedauer.

Versorgungsausgleich

Aufteilung der während der Ehe erworbenen Versorgungsansprüche

Mit dem Versorgungsausgleich wollte der Gesetzgeber verhindern, dass derjenige Ehegatte, der während der Ehe nicht erwerbstätig war und darauf vertraut hat, im Alter durch die Rente oder Pension des anderen Ehegatten mit abgesichert zu sein, nach einer Scheidung ohne jede Altersversorgung dasteht. Beim Versorgungsausgleich werden die während der Ehezeit von beiden Ehegatten erworbenen Rentenansprüche einander gegenübergestellt und geteilt. Das kann vorteilhaft sein, wenn ein Ehegatte während der Ehe gut verdient und dem anderen nach der Scheidung einen hälftigen Renten- bzw. Pensionsanspruch abtritt, den dieser noch weiter ausbauen kann. Bei weniger gut Verdienenden kann der Versorgungsausgleich allerdings dazu führen, dass beide Ehegatten nur eine »Minirente« erhalten oder schlimmstenfalls sogar zum Sozialfall werden.

Der Versorgungsausgleich wird im Regelfall während des Scheidungsverfahrens vom Familiengericht von Amts wegen durchgeführt. Nur ausnahmsweise kann dies wegen grober Unbilligkeit unterbleiben, wenn es unter Berücksichtigung der Verhältnisse beider Ehegatten und insbesondere ihrer Vermögensverhältnisse als sehr ungerecht erscheint, den ausgleichspflichtigen Ehegatten in Anspruch zu nehmen. Dieser Fall kann beispielsweise eintreten, wenn ein Ehegatte zwar keine eigenen Rentenansprüche besitzt, dafür aber über mehr Vermögen verfügt als der andere. Der Versorgungsausgleich ist auch dann ausgeschlossen, wenn der ausgleichsberechtigte Ehegatte während der Ehe über längere Zeit hinweg nichts oder nur wenig zum Familienunterhalt beigetragen hat.

> **Kein Versorgungsausgleich bei extrem langer Trennung**
>
> Grob unbillig wäre die Durchführung des Versorgungsausgleichs (§ 1587 c BGB), wenn die Ehepartner jahrzehntelang (hier über 31 Jahre) getrennt gelebt haben. Die Ehefrau kann keine Ansprüche auf den Erwerb der Rentenanwartschaften des Ehemanns geltend machen, weil sie unter diesen Umständen nicht erwarten konnte, im Rentenalter von der Erwerbstätigkeit ihres Ehemannes zu profitieren.
>
> *Beschluss des Oberlandesgerichts Brandenburg vom 27. 3. 1997 – Aktenzeichen 10 UF 189/96*

Der Versorgungsausgleich kann durch einen notariell beurkundeten Ehevertrag ausgeschlossen werden. Aber der Verzicht auf seine Durchführung ist nur wirksam, wenn das mindestens ein Jahr vor Einreichung des Scheidungsantrags vereinbart wurde. Je nach Konstellation kann der Versorgungsausgleich vollständig oder teilweise oder auch einseitig ausgeschlossen werden. Hierbei können Kompensationsleistungen vereinbart werden, z.B. durch eine Lebensversicherung oder durch eine Beitragszahlung in die Rentenversicherung.

Ausschluss des Versorgungsausgleichs durch Ehevertrag

Es ist zulässig, den Ausschluss des Versorgungsausgleichs an bestimmte Rücktrittsrechte oder Bedingungen zu knüpfen. Beispielsweise können Ehepartner für den Fall der Geburt eines gemeinsamen Kindes und die dadurch bedingte Aufgabe der Berufstätigkeit eines Ehegatten vereinbaren, dass die gesetzlichen Regelungen gelten sollen.

Juristische Beratung wird dringend empfohlen

Der Ausschluss des Versorgungsausgleichs kann vor allem dann sinnvoll sein, wenn beide Ehegatten bereits vor der Ehe gearbeitet haben und während der Ehe voll erwerbstätig bleiben wollen. Bevor Sie den Versorgungsausgleich ausschließen, sollten Sie sich auf jeden Fall bei einem Rechtsanwalt oder Notar Ihres Vertrauens umfassend juristisch beraten lassen. Gerade für den wirtschaftlich schwächeren Partner in einer Ehe können mit einem derartigen Verzicht erhebliche Nachteile verbunden sein.

Wird der Versorgungsausgleich vertraglich ausgeschlossen, tritt von Gesetzes wegen die Gütertrennung ein (§ 1414 BGB), die allerdings ihrerseits vertraglich ausgeschlossen werden kann.

Bei Vereinbarungen über den Versorgungsausgleich sind nach der Rechtsprechung des Bundesgerichtshofs bestimmte Grenzen zu wahren. Verboten oder unwirksam ist unter anderem Folgendes:

- Vereinbarungen dürfen nicht unmittelbar oder mittelbar zur Folge haben, dass dem Berechtigten mehr Anwartschaften in der gesetzlichen Rentenversicherung übertragen werden, als er bei der Durchführung des Versorgungsausgleichs nach den gesetzlichen Vorschriften ohne die Vertragsvereinbarung erhalten würde. **»Supersplitting«** Dieses so genannte Supersplitting tritt beispielsweise ein, wenn bei dem ausgleichsberechtigten Ehegatten eine betriebliche Altersversorgung aus dem Versorgungsausgleich herausgenommen wird. Er würde dann von seinem Ehegatten einen höheren Ausgleich erhalten, als wenn seine betriebliche Altersversorgung berücksichtigt worden wäre.
- Es darf kein anderer Stichtag (z.B. den Trennungszeitpunkt) statt dem Tag vereinbart werden, an dem der Scheidungsantrag zugestellt wurde. Die Bewertung der Versorgungsansprüche ist stets zum Zeitpunkt des Ehezeitendes vorzunehmen.

- Bezüglich der Rentenanwartschaften darf der Ausgleichshöchstbetrag gemäß § 1587 b Absatz 5 BGB nicht überschritten werden.
- Frühere Anwartschaften oder Anrechte, die außerhalb der gesetzlichen Ehezeit erworben wurden, dürfen nicht angerechnet werden.

Außerdem gelten für Vereinbarungen über den Versorgungsausgleich selbstverständlich – ähnlich wie bei unterhaltsrechtlichen Regelungen – die allgemeinen vertraglichen Grenzen. Dazu gehört die so genannte Inhaltskontrolle von Eheverträgen, die schon bei der Ausgestaltung des Ehevertrags berücksichtigt werden sollte. Denn bei einer besonders einseitigen Duldung vertraglicher Lasten und extrem ungleichen Verhandelungspositionen der Vertragspartner können die Gerichte den Ehevertrag auf Antrag des anfechtenden Ehegatten inhaltlich prüfen und gegebenenfalls nachträglich korrigieren. Das geschieht in zwei Stufen: Im Rahmen der so genannten Wirksamkeitskontrolle wird zunächst geprüft, ob der Vertrag zum Zeitpunkt des Zustandekommens in seinem Gesamtinhalt im Sinne des § 138 BGB sittenwidrig war. Das trifft zu, wenn durch den Ehevertrag Regelungen aus dem Kernbereich des gesetzlichen Scheidungsfolgenrechts ganz oder jedenfalls zu erheblichen Teilen abbedungen werden, ohne dass dieser Nachteil durch anderweitige Vorteile gemildert oder durch die besonderen Verhältnisse der Ehegatten gerechtfertigt wurde. Ergibt diese Prüfung, dass der Ehevertrag unwirksam ist, gelten die gesetzlichen Regelungen.

Inhaltskontrolle von Eheverträgen

Hat der Vertrag diese erste Prüfung bestanden, entspricht er also den »guten Sitten«, dann ist in einem zweiten Schritt, der so genannten Ausübungskontrolle, gemäß § 242 BGB zu prüfen, ob und inwieweit die ehevertraglichen Vereinbarungen im Hinblick auf die aktuellen Verhältnisse der Ehegatten als missbräuchlich erscheinen. Das Gericht hat ggf. Korrekturen anzuordnen, die den berechtigten Interessen beider Parteien in ausgewogener Weise entsprechen.

In einigen Fällen können ehevertragliche Regelungen auch wegen »Wegfalls der Geschäftsgrundlage« geändert werden. Eine solche Konstellation kann beispielsweise vorliegen, wenn Ehegatten nach einer Trennung den Versorgungsausgleich im Hinblick auf die beabsichtigte Scheidung bereits ausgeschlossen haben, sich dann jedoch wieder versöhnen und ein Kind adoptieren.

Wegfall der Geschäftsgrundlage

Formale Voraussetzungen

Ein Ehevertrag kann ab der Verlobung jederzeit zwischen den Partnern abgeschlossen werden. Für einen Ehevertrag ist es (fast) nie zu spät: Selbst wer bereits getrennt lebt, kann ihn noch abschließen. In diesem Fall dürfte es sich allerdings eher um eine Trennungs- bzw. Scheidungsfolgenvereinbarung handeln.

Notarielle Beurkundung

Grundsätzlich ist für einen Ehevertrag die notarielle Beurkundung vorgesehen. Das trifft insbesondere dann zu, wenn es um die Regelung güterrechtlicher Verhältnisse geht, das Paar also z.B. keine Zugewinngemeinschaft will, oder wenn es den Versorgungsausgleich ausschließen möchte. Über den Unterhalt und andere Punkte können Sie sich hingegen formfrei einigen. Es empfiehlt sich aber in jedem Fall, die Vereinbarung schriftlich festzuhalten und gemeinsam zu unterschreiben. Sonst kann es später zu Beweisschwierigkeiten kommen.

Ist eine Beurkundung vorgesehen, müssen beide zum vereinbarten Termin vor dem Notar erscheinen. Sonst liegt ein Formfehler vor und der Ehevertrag ist nichtig. Folgende Unterlagen sollten Sie zum Notartermin unbedingt mitbringen: Personalausweis oder Pass und – falls Sie bereits verheiratet sind – die Heiratsurkunde im Original oder als beglaubigte Abschrift. Dazu kommen gegebenenfalls die Geburtsurkunden der Kinder, aktuelle Grundbuchauszüge von Immobilien, Darlehensverträge und Versicherungsnachweise.

Beratung über die Auswirkungen des Ehevertrags

Vor dem Beurkundungstermin sollten sich beide Partner – am besten getrennt – bei einem Anwalt oder Notar über die Möglichkeiten und Wirkungen eines Ehevertrages beraten lassen. Natürlich wird Sie auch der Notar oder die Notarin vor der Beurkundung über den Inhalt und die Folgen Ihres Ehevertrages aufklären. Er hat auch die Aufgabe, Verträge schriftlich in eine juristisch gültige Form zu fassen. Sie können den Ehevertrag jedoch auch mit Ihren Rechtsanwältinnen bzw. Rechtsanwälten beraten und dem Notar diesen Entwurf zur Beurkundung vorlegen. Die persönliche Einzelberatung hat den Vorteil, dass Sie individuell und in Ihrem Sinn beraten werden.

Die Ausfertigung des Ehevertrages wird beim Beurkundungstermin von den Ehegatten und dem Notar unterzeichnet. Er versieht das Dokument außerdem mit seinem Dienstsiegel. Von der Vertragsurkunde erhält jeder Ehegatte eine Abschrift, während das Original beim Notar verbleibt. Haben Sie Ihren Ehevertrag verloren, dann können Sie bei dem Notar eine neue Abschrift erhalten.

Kosten

Die Kosten für die Beratung beim Rechtsanwalt und für den Abschluss eines Ehevertrages beim Notar werden auf der Grundlage des so genannten Gegenstandswertes nach Tabellen für Anwalts- und Notargebühren errechnet. Der Gegenstandswert bemisst sich unter anderem nach dem Vermögen der Eheleute. Demzufolge fallen die Anwalts- und Notargebühren bei besseren Vermögensverhältnissen höher aus als bei durchschnittlichen. Werden lediglich einzelne Regelungen (beispielsweise ein Unterhaltsverzicht) getroffen, dann wird auch nur der Wert dieses Vertragsgegenstandes für die Gebührenberechnung zugrunde gelegt.

Vermögen der Eheleute ist von Bedeutung

Geltungsdauer

Normalerweise soll der Ehevertrag ebenso wie die Ehe lebenslang gelten. Aber es können natürlich Dinge eintreten, die niemand vorhersehen konnte. Der Ehevertrag sollte in diesen Ausnahmefällen angepasst werden können. Die Eheleute können im Vertrag auch ein Kündigungs- bzw. Rücktrittsrecht vereinbaren. Außerdem kann ein Ehevertrag – wie jeder Vertrag – im gegenseitigen Einverständnis geändert werden.

Kündigungs- und Rücktrittsrecht

Ehetypen

Es gibt unterschiedliche Ehetypen, die anhand bestimmter Kriterien charakterisiert werden können. Hierzu gehören unter anderem der bisherige Familienstand der Ehegatten (ledig, geschieden oder verwitwet), ihre persönlichen wirtschaftlichen Verhältnisse, ob sie erwerbstätig sind oder nicht und ob sie Kinder haben wollen oder bereits Kinder haben, sei es aus einer nicht ehelichen Beziehung oder aus einer früheren Ehe. Dies sind die wichtigsten Faktoren. Aus ihnen entstehen unterschiedliche Interessen, die bei einer Scheidung unter Umständen einen individuellen Interessenausgleich erforderlich machen können. Im Folgenden werden die häufigsten Konstellationen vorgestellt und mit einem Mustervertrag veranschaulicht.

Unterschiedliche Interessen

Beide Partner sind berufstätig und wollen keine Kinder

> **Achtung!**
>
> Vor einer Übernahme von Verträgen ohne Einholung von juristischem Rat wird dringend gewarnt, da persönliche Besonderheiten hier nicht berücksichtigt werden können. Jegliche Gewähr für Richtigkeit und Vollständigkeit der folgenden Musterverträge wird von Autorin und Verlag ausgeschlossen.

Heiraten zwei voll berufstätige, finanziell unabhängige Partner ohne Kinderwunsch, dann wollen sie neben dem ideellen Gefühl der Verbundenheit mit der Eheschließung wohl auch die steuerlichen Vorteile einer Ehe nutzen, aber sie sind nicht auf die Vorteile des Scheidungsfolgenrechts (wie z.B. Ehegattenunterhalt, Zugewinn- und Versorgungsausgleich) angewiesen. Oft sind dies Paare, die auch in der Ehe ein weitgehend selbstbestimmtes Leben führen wollen und sich ihrem Beruf, ihrer Karriere oder einer anderen Sache widmen möchten. Sie können bestimmte gesetzliche Regelungen vertraglich ausschließen oder modifizieren, wie der folgende Muster-Ehevertrag zeigt.

URNr. _____ /20__

Ehe- und Erbvertrag

Verhandelt zu _____ am _____.
Vor mir, dem Notar _____
mit dem Amtssitz in _____, erschienen heute:

1.) Herr _____,
geboren am _____ in _____,
– ausgewiesen durch gültigen Personalausweis,
nach Angabe ledig.

2.) Frau _____,
geboren am _____ in _____,
– ausgewiesen durch gültigen Personalausweis,
nach Angabe ledig.

Die Erschienenen erklären gemeinsam zu meinem Protokoll:

Wir beabsichtigen, am _____ vor dem Standesbeamten in _____ die Ehe miteinander einzugehen und schließen im Wege einer vorehelichen Vereinbarung für unsere künftige Ehe den nachstehenden Vertrag. Wir sind beide deutsche Staatsangehörige. Der Erschienene zu 1.) ist von Beruf _____. Die Erschienene zu 2.) ist von Beruf _____. Wir sind beide kinderlos. Es besteht zwischen uns Einigkeit, dass wir keine Kinder möchten. Wir haben beide bisher keinerlei Verfügungen von Todes wegen vorgenommen.[1]

§ 1 Güterstand

(1) Wir möchten den gesetzlichen Güterstand der Zugewinngemeinschaft für unsere künftige Ehe ausdrücklich aufrechterhalten, ihn jedoch wie folgt modifizieren:

a) Für den Fall der Beendigung des Güterstandes durch den Tod eines Ehegatten soll es beim Zugewinnausgleich durch Erbteilserhöhung oder güterrechtliche Lösung verbleiben.

---

1 Vor den einzelnen ehevertraglichen Regelungen werden kurz die aktuelle Lebenssituation der künftigen Ehegatten dargestellt sowie ihre Vorstellungen der weiteren Lebensgestaltung. Diese Erläuterungen können später einmal von Bedeutung sein, falls sich die gemeinsame Lebensführung der Eheleute anders als geplant entwickeln sollte (z.B. durch ein gemeinsames Kind) und damit möglicherweise ein »Wegfall der Geschäftsgrundlage« eintritt. Auch für den Fall einer etwaigen späteren Anfechtung des Vertrages können diese Angaben im Rahmen einer inhaltlichen Kontrolle (vgl. Seite 40 f.) von Bedeutung sein.

b) Wird jedoch der Güterstand auf andere Weise als durch den Tod eines Ehegatten beendet, so findet kein Zugewinnausgleich statt. Dies gilt auch für den vorzeitigen Zugewinnausgleich.

(2) Auf den Ausgleich eines Zugewinns wird insoweit gegenseitig verzichtet. Den Verzicht nehmen wir hiermit gegenseitig an.

(3) Durch diese Vereinbarung soll ausdrücklich keine Gütertrennung eintreten.

(4) Zuwendungen eines Ehegatten an den anderen können bei Scheidung der Ehe nicht zurückgefordert werden, es sei denn, die Rückforderung ist auf gesonderter vertraglicher Grundlage vorbehalten. Dies gilt unabhängig vom Verschulden am Scheitern der Ehe.

(5) Für unsere Ehe schließen wir hiermit ferner die Verfügungsbeschränkungen der §§ 1365 ff. BGB gegenseitig aus.[2]

(6) Wir bestimmen, dass diese Modifikation des Güterstandes auch dann bestehen bleibt, wenn der nachfolgend vereinbarte Ausschluss des Versorgungsausgleichs nach § 1408 Absatz 2 Satz 2 BGB unwirksam werden oder der nachstehend vereinbarte Unterhaltsverzicht unwirksam sein oder unanwendbar werden sollte.

§ 2 Unterhaltsverzicht

(1) Für die Zeit nach einer etwaigen Scheidung unserer Ehe verzichten wir gegenseitig auf Unterhalt, auch für den Fall des Notbedarfs.

(2) Diesen Verzicht nehmen wir hiermit gegenseitig an.

(3) Der Notar hat uns über das Wesen des nachehelichen Unterhalts und die Auswirkungen des Verzichts eingehend belehrt. Wir wissen somit, dass jeder von uns für seinen eigenen Unterhalt sorgen muss.

(4) Insbesondere wurden wir darauf hingewiesen, dass ein Unterhaltsverzicht je nach den Umständen des Einzelfalls sittenwidrig sein kann mit der Folge, dass nach einer Ehescheidung Unterhalt nach den gesetzlichen Bestimmungen zu gewähren ist.

(5) Außerdem kann die Berufung auf einen Unterhaltsverzicht gegen Treu und Glauben verstoßen. Für diesen Fall vereinbaren wir – soweit dies mit dem Gesetz vereinbar ist –, dass Unterhalt höchstens in folgender Höhe zu leisten ist:
_____ Euro.[3]

(7) Nach unserer Überzeugung sind derzeit keine Gründe für eine Sittenwidrigkeit erkennbar. Wir sind beide freiberuflich tätig und wollen es auch bleiben. Jeder von uns hat bereits für seine Altersversorgung Vorkehrungen getroffen.

(8) Der Notar hat uns auf die Rechtsprechung des Bundesverfassungsgerichts und des Bundesgerichtshofs zur Inhaltskontrolle von Eheverträgen hingewiesen und erläutert, dass ehevertragliche Regelungen bei einer besonders einseitigen Aufbür-

---

[2] Unter den Verfügungsbeschränkungen der §§ 1365 ff. BGB sind zum einen das Verbot von Gesamtvermögensgeschäften nach § 1365 BGB und zum anderen die Verfügungsbeschränkung für Gegenstände des ehelichen Haushalts nach § 1369 BGB zu verstehen.

[3] Wenn Sie einen Höchstbetrag für den Unterhalt vereinbaren, können Sie gleichzeitig eine Dynamisierung oder eine andere Wertsicherung festlegen. Auf diese Weise stellen Sie sicher, dass die Unterhaltshöchstgrenze auch in Zukunft wertbeständig bleibt.

dung von vertraglichen Lasten und einer erheblich ungleichen Verhandlungsposition unwirksam oder unanwendbar sein können.

(9) Wir erklären, dass wir nach einer Vorbesprechung und dem Erhalt eines Vertragsentwurfs die rechtlichen Regelungen dieses Vertrags umfassend erörtert haben und diese Regelungen unserem gemeinsamen Wunsch zur Gestaltung unserer ehelichen Verhältnisse entsprechen.

(10) Wir wurden von dem Notar darauf hingewiesen, dass bei einer Änderung der Ehekonstellation – insbesondere durch die Geburt gemeinsamer Kinder oder eine erhebliche berufliche Veränderung – die Regelungen auch nachträglich einer Ausübungskontrolle unterliegen können. Er hat geraten, in diesem Fall den Vertrag der veränderten Situation anzupassen.

§ 3 Verzicht auf Versorgungsausgleich

(1) Wir schließen hiermit nach § 1408 Absatz 2 Satz 1 BGB gegenseitig den Versorgungsausgleich nach §§ 1587 ff. BGB aus.

(2) Diesen Verzicht nehmen wir hiermit gegenseitig an.

(3) Eine Abänderung dieser Vereinbarung – insbesondere nach § 10 a Absatz 9 VAHRG – wird ausgeschlossen.[4]

(4) Entgegen § 1414 Satz 2 BGB soll durch diese Vereinbarung keine Gütertrennung eintreten.

(5) Wir wurden von dem Notar über die rechtliche und wirtschaftliche Tragweite des Ausschlusses des Versorgungsausgleichs ausführlich belehrt. Ebenso wurden wir darüber belehrt, dass der Ausschluss des Versorgungsausgleichs unwirksam ist, wenn innerhalb eines Jahres ab wirksamem Vertragsschluss Antrag auf Scheidung der Ehe gestellt wird.

(6) Sollte dieser Fall dennoch eintreten, dann soll die vorstehende Vereinbarung als so genannte Parteivereinbarung nach § 1587 o BGB gelten. Über die dann erforderliche Genehmigung des Familiengerichts wurden wir aufgeklärt.[5]

(7) Sollte der Ausschluss des Versorgungsausgleichs unwirksam sein, weil einer der Ehepartner einen Scheidungsantrag innerhalb der Jahresfrist des § 1408 BGB stellt, und auch durch das Familiengericht nach § 1587 o BGB nicht genehmigt werden, so wird die Wirksamkeit der übrigen Vereinbarungen dieses Vertrags hiervon ausdrücklich nicht berührt.

(8) Die vorstehenden ehevertraglichen Vereinbarungen nehmen wir hiermit gegenseitig an.

---

[4] Nach § 10 a Absatz 9 VAHRG (Gesetz zur Regelung von Härten im Versorgungsausgleich) können Vereinbarungen über den Versorgungsausgleich unter den Voraussetzungen des § 10 a Absatz 1 VAHRG abgeändert werden, sofern die Ehegatten diese Möglichkeit nicht ausgeschlossen haben. Abänderungsgründe nach § 10 a Absatz 1 VAHRG sind unter anderem eine Änderung der Verfallbarkeit eines Anrechts oder eine Abweichung von einem früher angenommenen Wertunterschied.

[5] Nach § 1587 o BGB können Ehegatten im Zusammenhang mit der Scheidung eine Vereinbarung über den Versorgungsausgleich schließen. Eine solche Parteivereinbarung muss allerdings notariell beglaubigt und vom Familiengericht genehmigt werden, um gültig zu sein. →

§ 4 Erbrechtliche Verfügungen

(1) Zunächst widerrufen wir etwaige frühere widerrufliche Verfügungen von Todes wegen.[6] Sodann vereinbaren wir in einseitig nicht widerruflicher Weise Folgendes:

a) Wir setzen uns hiermit gegenseitig zum alleinigen und ausschließlichen Erben ein.

b) Wir bestimmen ausdrücklich, dass unsere vorstehenden Verfügungen auch dann Bestand haben sollen, wenn bei unserem Tod nicht bedachte Pflichtteilsberechtigte vorhanden sein sollten. Wir verzichten außerdem auf ein Anfechtungsrecht nach § 2079 BGB.[7]

(2) Wir wurden von dem Notar über die Tragweite unserer vorstehenden erbrechtlichen Erklärungen eingehend belehrt.[8] Insbesondere wurden wir hingewiesen auf

a) das Pflichtteilsrecht,

b) die erbvertragliche Bindungswirkung,

c) das freie Verfügungsrecht unter Lebenden und seine Grenzen,

d) das Anfechtungsrecht,

e) die Bestimmungen des Erbschaftsteuer- und Schenkungsteuergesetzes.

§ 5 Schlussbestimmungen

(1) Sollten einzelne Bestimmungen dieses Vertrags unwirksam sein oder werden oder sollte sich im Vertrag eine Regelungslücke zeigen, so wird die Wirksamkeit der übrigen Bestimmungen hierdurch nicht berührt.

(2) Die Vertragschließenden sind in diesem Fall verpflichtet, eine ersetzende Bestimmung zu vereinbaren, die dem wirtschaftlichen Sinn der unwirksamen Bestimmung im Gesamtzusammenhang der getroffenen Regelung in rechtlich zulässiger Weise am nächsten kommt, oder eine neue Bestimmung zu treffen, welche die Regelungslücke des Vertrags so schließt, als hätten sie diesen Punkt von vornherein bedacht.

(3) Wir beantragen die Erteilung je einer Ausfertigung dieser Urkunde. Unsere Geburtsstandesämter erhalten eine Mitteilung über die Errichtung dieser Urkunde.[9]

(4) Die Kosten dieser Urkunde tragen wir gemeinsam.

[Ort, Datum, Unterschriften]

---

6   Früher verfasste einseitige oder gemeinschaftliche Testamente können die Ehegatten im Rahmen des Ehevertrages aufheben. Anderenfalls wird eine letztwillige Verfügung unwirksam, durch den der Erblasser seinen Ehegatten bedacht hat, wenn die Ehe vor dem Tod des Erblasser aufgelöst worden ist. Gleiches gilt, wenn zum Zeitpunkt des Todes des Erblassers die Voraussetzungen für die Scheidung der Ehe gegeben waren und der Erblasser die Scheidung beantragt oder ihr zugestimmt hat.

7   § 2079 BGB regelt das Anfechtungsrecht von Pflichtteilsberechtigten, die vom Erblasser übergangen wurden.

8   Ein Erbvertrag ist grundsätzlich bindend. Diese Wirkung kann aber durch Aufhebung (§§ 2290 bis 2292 BGB), vorbehaltenen Rücktritt (§§ 2293 ff. BGB) oder Anfechtung (§§ 2281 ff. BGB) beseitigt werden. Außerdem kann ein Erbvertrag auch vertraglich wieder aufgehoben werden. Nach § 2286 BGB ist der Erblasser trotz Erbvertrag nicht daran gehindert, über sein Vermögen frei zu verfügen.

9   Durch die Mitteilung über den Abschluss eines Erbvertrages an die Geburtsstandesämter wird der Notar, der die Urkunde in seiner amtlichen Verwahrung hat, über den Tod des Erblassers benachrichtigt.

Beide Partner sind berufstätig und wollen Kinder

In diesem Fall stehen sich zwei berufstätige Ehepartner gegenüber, die eine Familie gründen und ihren Beruf weiter ausüben wollen. Da in der Regel die Frauen während der Zeit der Kinderbetreuung ihren Beruf aufgeben und aufgrund der Familienarbeit erfahrungsgemäß schlechtere Karrierechancen haben, ist hier vor Abschluss eines Ehevertrages eine besonders eingehende Beratung beider Ehegatten erforderlich. Diese sollte jeder Ehegatte getrennt bei dem Anwalt bzw. dem Notar seines Vertrauens wahrnehmen.

> **Anpassung von Eheverträgen wegen Kindererziehung**
>
> Haben Eheleute in einem Ehevertrag für den Fall der Scheidung auf den Versorgungsausgleich verzichtet, so ist der Vertrag anzupassen, wenn sich die Voraussetzungen grundlegend ändern. Im vorliegenden Fall wurde die Rentenanwartschaft der Frau gemindert. Sie stand bei der Eheschließung in einem versicherungspflichtigen Beschäftigungsverhältnis und musste – entgegen der ursprünglichen Planung – Kinder erziehen. Die Frau hätte während der Ehe ohne Kindererziehung eine zusätzliche Rente von 312 Euro erwerben können. Dieser Betrag wurde ihr zu Lasten des Ex-Gatten auf ihr Rentenkonto bei der BfA übertragen.
>
> *Beschluss des Bundesgerichtshofs vom 6. 10. 2004 – Aktenzeichen XII ZB 57/03*

In einem Ehevertrag für diesen Ehetyp sollte auf jeden Fall die Kinderbetreuung ausreichend berücksichtigt werden, etwa indem bei einem Ausschluss des nachehelichen Unterhalts im Falle der Scheidung der Kindesbetreuungsunterhalt ausdrücklich ausgenommen wird. Ebenso kann es dem Gebot der Fairness entsprechen, eine Gütertrennung lediglich bis zu dem Zeitpunkt zu vereinbaren, an dem ein Ehegatte wegen der Geburt eines gemeinsamen Kindes seine Berufstätigkeit aufgibt oder einschränkt.

URNr. _____ /20 ____

Ehevertrag

Verhandelt zu _____ am _____ .

Vor mir, dem Notar _____

mit dem Amtssitz in _____ , erschienen heute:

1. Herr _____,

geboren am _____ in _____,

– ausgewiesen durch gültigen Personalausweis,

nach Angabe ledig.

2. Frau _____,

geboren am _____ in _____,

– ausgewiesen durch gültigen Personalausweis,

nach Angabe ledig.

Die Erschienenen erklären gemeinsam zu meinem Protokoll:

Wir beabsichtigen, am _____ vor dem Standesbeamten in _____ die Ehe miteinander einzugehen und schließen im Wege einer vorehelichen Vereinbarung für unsere künftige Ehe den nachstehenden Vertrag. Wir sind beide deutsche Staatsangehörige. Der Erschienene zu 1.) ist von Beruf _____. Die Erschienene zu 2.) ist von Beruf _____. Wir sind beide bisher kinderlos, wünschen uns jedoch gemeinsame Kinder. Dennoch wollen wir beide berufstätig sein und auch bleiben. Die Erschienene zu 2.) will während der Kinderbetreuungszeit jedoch höchstens halbtags arbeiten.

§ 1 Güterstand

(1) Die Vertragschließenden wurden von dem Notar auf das Recht des gesetzlichen Güterstands und des Zugewinnausgleichs sowie auf die Auswirkungen der nachstehenden Vereinbarung hingewiesen. Dies gilt insbesondere für die Verfügungsbeschränkungen der §§ 1365 und 1369 BGB, die für die Dauer ihrer Ehe gelten.

(2) Die Beteiligten vereinbaren dazu Folgendes:

a) Sollte der Güterstand in anderer Weise als durch den Tod eines von uns, insbesondere durch Scheidung der Ehe, aufgelöst werden, findet ein Zugewinnausgleich nicht statt. Der Ausschluss des lebzeitigen Zugewinnausgleichs erfasst jedoch nur die Ehezeit bis zur Geburt eines gemeinschaftlichen Kindes.

b) Ab diesem Zeitpunkt wird der Zugewinnausgleich so durchgeführt, als ob wir zum Zeitpunkt der Geburt des ersten gemeinschaftlichen Kindes die Ehe geschlossen hätten. In diesem Fall gilt als Anfangsvermögen für die Berechnung des Zugewinnausgleichs jeweils das Vermögen, das jedem Ehegatten nach Abzug der Verbindlichkeiten bei der Geburt des ersten gemeinsamen Kindes gehört hat. Daneben gelten uneingeschränkt die Bestimmungen des § 1374 BGB.[1]

(3) Außerdem wird solches Vermögen von der Durchführung des lebzeitigen Zugewinnausgleichs (sofern er nach Absatz 2 überhaupt erfolgt) vollständig ausgenommen, dass ein Ehegatte nach der Eheschließung (gleichgültig zu welchem Zeitpunkt) von Todes wegen oder mit Rücksicht auf ein künftiges Erbrecht, durch Schenkung oder als Ausstattung erwirbt.

---

1 § 1374 BGB enthält die gesetzliche Definition des Anfangsvermögens (vgl. Seite 15 ff.).

(4) Ebenso werden solche Verbindlichkeiten von der Durchführung des Zugewinnausgleichs ausgenommen, die mit einem Vermögen, das vom lebzeitigen Zugewinnausgleich ausgenommen ist, im Zusammenhang stehen.

§ 3 Versorgungsausgleich

(1) Der Notar hat die Vertragschließenden über das Recht des Versorgungsausgleichs belehrt. Der Versorgungsausgleich ist im Falle einer Scheidung der Ehe güterstandsunabhängig durchzuführen. Die Vertragschließenden vereinbaren diesbezüglich, dass bei Scheidung der Ehe nur die Zeiten ab der Geburt eines gemeinsamen Kindes in den Versorgungsausgleich einbezogen werden, sofern dies nicht zu einem Supersplitting oder Quasi-Supersplitting führt.[2]

(2) Die Vertragschließenden wurden von dem Notar außerdem darauf hingewiesen, dass dieser teilweise Verzicht unwirksam wird, wenn innerhalb eines Jahres ab Eheschließung ein Scheidungsantrag gestellt wird. In diesem Fall soll die Vereinbarung als so genannte Parteivereinbarung nach § 1587 o BGB gültig bleiben. Eine derartige Parteivereinbarung bedarf allerdings der Genehmigung durch das Familiengericht.

(3) Sofern der Ausschluss des Versorgungsausgleiches unwirksam sein bzw. werden oder nicht genehmigt werden sollte, so bleibt die Wirksamkeit der weiteren Bestimmungen dieses Vertrages hiervon unberührt.

§ 4 Nachehelicher Unterhalt

(1) Die Vertragschließenden wurden von dem Notar über das Unterhaltsrecht nach Scheidung der Ehe und die Auswirkungen der nachstehenden Vereinbarungen belehrt. Diese lauten im Einzelnen:

a) Im Falle der Scheidung der Ehe können beide Vertragschließenden voneinander Unterhalt beanspruchen, solange und soweit von einem von ihnen wegen der Pflege oder Erziehung eines gemeinschaftlichen Kindes eine Erwerbstätigkeit nicht erwartet werden kann.

b) Im Übrigen verzichten beide gegenseitig auf jedweden nachehelichen Unterhalt, auch für den Fall der Not.

c) Diesen Verzicht nehmen wir hiermit gegenseitig an.

(2) Der Notar hat uns über das Wesen des nachehelichen Unterhalts und die Auswirkungen des Verzichts eingehend belehrt. Wir wissen somit, dass jeder von uns für seinen eigenen Unterhalt sorgen muss.

(3) Insbesondere wurden wir darauf hingewiesen, dass ein Unterhaltsverzicht je nach den Umständen des Einzelfalls sittenwidrig sein kann mit der Folge, dass nach einer Ehescheidung Unterhalt nach den gesetzlichen Bestimmungen zu gewähren ist.

---

2 Von einem Supersplitting- oder Quasi-Supersplitting-Effekt spricht man, wenn eine ehevertragliche Abänderung des Versorgungsausgleichs dazu führt, dass unmittelbar oder mittelbar mehr Anwartschaften in der gesetzlichen Rentenversicherung nach § 1587 b Absatz 1 oder 2 BGB übertragen oder begründet werden, als gesetzlich bestimmt ist. →

(4) Außerdem kann die Berufung auf einen Unterhaltsverzicht gegen Treu und Glauben verstoßen. Für diesen Fall vereinbaren wir – soweit dies mit dem Gesetz vereinbar ist –, dass Unterhalt höchstens in folgender Höhe zu leisten ist:

_____ Euro.

(5) Der Notar hat uns auf die Rechtsprechung des Bundesverfassungsgerichts und des Bundesgerichtshofs zur Inhaltskontrolle von Eheverträgen hingewiesen und erläutert, dass ehevertragliche Regelungen bei einer besonders einseitigen Aufbürdung von vertraglichen Lasten und einer erheblich ungleichen Verhandlungsposition unwirksam oder unanwendbar sein können.

(6) Wir erklären, dass nach einer Vorbesprechung und dem Erhalt eines Vertragsentwurfs die rechtlichen Regelungen dieses Vertrags umfassend erörtert wurden und diese Regelungen unserem gemeinsamen Wunsch zur Gestaltung unserer ehelichen Verhältnisse entsprechen.

§ 5 Schlussbestimmungen

(1) Sollten einzelne Bestimmungen der Urkunde unwirksam sein oder werden, berührt dies die Wirksamkeit der weiteren Bestimmungen der Urkunde nicht.

(2) Die Kosten der Errichtung und Ausfertigung dieser Urkunde tragen wir gemeinsam.

(3) Von dieser Urkunde erhalten wir jeweils eine Ausfertigung.

[Ort, Datum, Unterschriften]

Ein Ehepartner ist Unternehmer oder Freiberufler

Es ist nachvollziehbar, dass ein Unternehmer oder eine Unternehmerin sein oder ihr Unternehmen schützen will, wenn eine Ehe eingegangen werden soll. Gleiches gilt natürlich für Freiberufler, wie etwa Architekten, Ärzte, Rechtsanwälte, die im Falle einer Scheidung ihr Büro, ihre Praxis oder die Kanzlei nicht aufs Spiel setzen möchten. Auf der anderen Seite darf aber auch der nicht am Unternehmen beteiligte Ehegatte durch einen Ehevertrag nicht übervorteilt werden, so dass er nach einer Scheidung möglicherweise vor dem Nichts steht.

Hier gilt es also, durch moderate ehevertragliche Regelungen für beide Partner eine gerechte Lösung zu finden. Unter anderem könnte man sich darauf einigen, das Betriebsvermögen aus dem Zugewinnausgleich herauszunehmen. Auch im Bereich des nachehelichen Unterhalts sowie des Versorgungsausgleichs sind angemessene Vereinbarungen möglich, etwa durch die Einschränkung des nachehelichen Unterhaltsanspruchs mit einer so genannten Kappungsgrenze. Für die Altersversorgung gibt es verschiedene Modelle. Beispielsweise sollte der Partner im Unternehmen angestellt werden, wenn er ohnehin dort mitarbeitet.

URNr. _____ /20__

Ehevertrag

Verhandelt zu _____ am _____ .
Vor mir, dem Notar _____
mit dem Amtssitz in _____ , erschienen heute:

1. Herr _____ ,
geboren am _____ in _____ ,
– ausgewiesen durch gültigen Personalausweis,
nach Angabe ledig.

2. Frau _____ ,
geboren am _____ in _____ ,
– ausgewiesen durch gültigen Personalausweis,
nach Angabe ledig.

Die Erschienenen erklären gemeinsam zu meinem Protokoll:
Wir beabsichtigen, am _____ vor dem Standesbeamten in _____ die Ehe miteinander einzugehen und schließen im Wege einer vorehelichen Vereinbarung für unsere künftige Ehe den nachstehenden Vertrag. Wir sind beide deutsche Staatsangehörige. Der Erschienene zu 1.) ist von Beruf _____ . Die Erschienene zu 2.) ist _____ . Wir sind beide bisher kinderlos, wünschen uns jedoch gemeinsame Kinder.

§ 1 Güterstand

(1) Wir möchten den gesetzlichen Güterstand der Zugewinngemeinschaft für unsere künftige Ehe ausdrücklich aufrechterhalten, ihn jedoch wie folgt modifizieren:

(2) Der Ehemann ist Eigentümer des Familienunternehmens _____ in _____ .

Dieser Betrieb soll sowohl für den Fall der lebzeitigen Beendigung des Güterstandes als auch für den Fall der Beendigung des Güterstandes durch den Tod vom Zugewinnausgleich ausgenommen sein.[1]

§ 2 Unterhaltsbeschränkung und -verzicht

(1) Es gelten grundsätzlich die gesetzlichen Vorschriften zum Recht des nachehelichen Unterhalts. Allerdings vereinbaren wir, dass die Höhe des gesetzlichen nachehelichen Unterhalts (Gesamtunterhalt einschließlich Vorsorgeunterhalt und Sonderbedarf[2]) auf den Betrag von _____ Euro – in Worten: _____ Euro – monatlich begrenzt wird.

(2) Diese Begrenzung gilt nicht für den Unterhalt wegen Betreuung eines Kindes nach § 1570 und 1573 Absatz 2 BGB[3] sowie für den Unterhalt wegen Alters oder Krankheit. Dieser wird in voller Höhe gewährt. Hierbei sind wir uns einig, dass der konkrete Bedarf eines Ehegatten sich nach unserem Lebensstil auf _____ Euro – in Worten: _____ Euro – monatlich beläuft.

(3) Es wird ausdrücklich festgestellt, dass sich die Höhe des nachehelichen Unterhalts nach den gesetzlichen Vorschriften errechnet, die vorstehende Regelung also keinen Anspruch auf Zahlung in dieser Höhe gewährt. Es handelt sich bei Ziffer (1) lediglich um eine Kappungsgrenze[4], falls sich nach dem Gesetz ein höherer Betrag ergäbe, und bei Ziffer (2) um eine genaue Festlegung des konkreten Bedarfs.

(4) Eigenes Einkommen des Unterhaltsberechtigten wird im Wege der Differenzmethode berücksichtigt, sofern es eheprägend war, sonst im Wege der Anrechnungsmethode.[5]

(5) Des Weiteren soll – mit Ausnahme der Unterhaltstatbestände nach Ziffer (2) – die folgende Beschränkung gelten: Sollte unsere Ehe zwischen Eheschließung und Rechtshängigkeit eines Scheidungsantrags nicht länger als fünf Jahre gedauert haben, besteht die vorgenannte Unterhaltspflicht nur für einen Zeitraum von fünf Jahren ab Rechtskraft der Ehescheidung.

---

1   Die »lebzeitige Beendigung des Güterstandes« kann entweder durch eine Scheidung eintreten oder durch einen neuen Ehevertrag, der den bisher geltenden Güterstand abändert.
2   Beim Sonderbedarf handelt es sich um einen nicht regelmäßig entstehenden, besonders hohen Bedarf des Unterhaltsberechtigten, z.B. Umzugs- oder Renovierungskosten.
3   § 1573 Absatz 2 BGB betrifft den Fall, dass der unterhaltsberechtigte Partner zwar berufstätig ist, aber nicht genug verdient. Er kann dann von seinem ehemaligen Gatten einen Aufstockungsunterhalt verlangen (vgl. Seite 31 f.).
4   Kappungsgrenze ist als vereinbarter Höchstbetrag zu verstehen, sofern sich nach dem Gesetz ein höherer Unterhaltsanspruch ergeben würde.
5   Bei der Differenzmethode wird die Unterhaltsquote (vgl. Seite 33 ff.) aus der Differenz der anrechnungsfähigen Einkommen beider Ehegatten abgeleitet. Dagegen wird bei der so genannten Anrechnungsmethode die Unterhaltsquote aus dem anrechnungsfähigen Einkommen des Unterhaltspflichtigen gebildet und darauf das Einkommen des Unterhaltsberechtigten angerechnet. →

(6) Wir verzichten hiermit auf weitergehenden Unterhalt, der Erschienene zu 1.) verzichtet gegenüber der Erschienenen zu 2.) auf jedweden Unterhalt. Diese Verzichte gelten auch für den Fall der Not. Wir nehmen diese Verzichte wechselseitig an.

(7) Wir wurden vom Notar über das Wesen des nachehelichen Unterhalts und die Auswirkungen des Verzichts eingehend belehrt, auch darüber, dass ein Unterhaltsverzicht sittenwidrig sein oder gegen Treu und Glauben verstoßen kann. Wir wissen, dass dieser Vertrag der Inhaltskontrolle unterliegt.

§ 3 Verzicht auf Versorgungsausgleich

(1) Wir schließen hiermit nach § 1408 Absatz 2 Satz 1 BGB den Versorgungsausgleich nach §§ 1587 ff. BGB aus für den Fall, dass ich, der Ehemann, ausgleichungsberechtigt bin. Insoweit verzichte ich, der Ehemann, auf einen Ausgleich.

(2) Diesen Verzicht nehme ich, die Ehefrau, hiermit an.

(3) Gütertrennung soll durch diese Vereinbarung entgegen § 1414 Satz 2 BGB nicht eintreten.

(4) Über die rechtliche und wirtschaftliche Tragweite des Ausschlusses des Versorgungsausgleichs wurde ich, der Ehemann, vom Notar ausführlich belehrt.

(5) Weiterhin wurden wir darüber belehrt, dass der Ausschluss des Versorgungsausgleichs unwirksam ist, wenn innerhalb eines Jahres ab wirksamem Vertragsschluss Antrag auf Scheidung der Ehe gestellt wird.

§ 4 Pflichtteilsverzicht

Ich, die Ehefrau, verzichte hiermit auf mein gesetzliches Pflichtteilsrecht in Bezug auf das nach § 1 (2) vom Zugewinnausgleich ausgenommene Vermögen, und ich, der Ehemann, nehme den Verzicht an. Der Notar hat uns über die Tragweite des Verzichts belehrt.

§ 5 Schlussbestimmungen

(1) Der Notar hat uns über den Inhalt und die rechtlichen Folgen aus diesem Vertrag eingehend belehrt. Der Notar hat insbesondere auf die Rechtsprechung des Bundesverfassungsgerichtes und des Bundesgerichtshofs zur Inhaltskontrolle von Eheverträgen hingewiesen und erläutert, dass ehevertragliche Regelungen bei einer besonders einseitigen Aufbürdung von vertraglichen Lasten und einer erheblich ungleichen Verhandlungsposition unwirksam oder unanwendbar sein können.

(2) Die Vertragschließenden erklären, dass sie nach einer Vorbesprechung und dem Erhalt eines Vertragsentwurfs die rechtlichen Regelungen dieses Vertrags umfassend erörtert haben und diese Regelungen ihrem gemeinsamen Wunsch zur Gestaltung ihrer ehelichen Verhältnisse entsprechen.

(3) Der Notar hat darauf hingewiesen, dass bei einer Änderung der Ehekonstellation – hierher gehören insbesondere die Geburt gemeinsamer Kinder oder gewichtige Änderungen der Erwerbsbiographie – die Regelungen auch nachträglich einer Ausübungskontrolle unterliegen können. Er hat geraten, in diesem Fall den Vertrag der veränderten Situation anzupassen.

(4) Sollten einzelne Bestimmungen dieses Vertrags unwirksam sein oder werden oder sollte sich im Vertrag eine Regelungslücke zeigen, so wird die Wirksamkeit der übrigen Bestimmungen hierdurch nicht berührt.

(5) Die Beteiligten sind dann verpflichtet, eine ersetzende Bestimmung zu vereinbaren, die dem wirtschaftlichen Sinn der unwirksamen Bestimmung im Gesamtzusammenhang der getroffenen Regelung in rechtlich zulässiger Weise am nächsten kommt, oder eine neue Bestimmung zu treffen, welche die Regelungslücke des Vertrags so schließt, als hätten sie diesen Punkt von vornherein bedacht.

(6) Die Kosten dieser Urkunde tragen wir gemeinsam.

(7) Von dieser Urkunde erhalten wir jeweils eine Ausfertigung.

[Ort, Datum, Unterschriften]

Einer der Ehepartner bringt ein großes Vermögen mit in die Ehe ein

Bringt ein Ehepartner ein erhebliches Vermögen in die Ehe ein, muss er im Falle einer Scheidung unter Umständen im Rahmen des Zugewinn- und Versorgungsausgleichs mit einem finanziellen Verlust rechnen. Dies gilt nicht für das Vermögen selbst, wohl aber für Wertsteigerungen und andere Gewinne aus diesem Vermögen. Der nicht vermögende Partner kann ohne ehevertragliche Regelungen grundsätzlich die Hälfte des während der Ehezeit erwirtschafteten Vermögens bzw. der währenddessen entstandenen Rentenanwartschaften beanspruchen. Zudem muss ein vermögender Ehegatte nach einer Scheidung in der Regel mit sehr hohen Unterhaltsleistungen an den früheren Partner rechnen. Damit bei Eingehung der Ehe sichergestellt wird, dass gegenseitige Zuneigung und nicht etwa in Aussicht stehende immense Vermögenswerte den Wunsch zur Eheschließung herbeigeführt haben, kann es ratsam sein, beispielsweise per Ehevertrag die Quote des Zugewinnausgleichs im Falle einer Scheidung herabzusetzen (vgl. § 1 Absatz 2a im nachfolgenden Muster) oder den Versorgungsausgleich gegen den Abschluss einer Lebensversicherung für den nicht vermögenden Partner auszuschließen.

URNr. _____ /20___

Ehevertrag

Verhandelt zu _____ am _____.
Vor mir, dem Notar _____
mit dem Amtssitz in _____, erschienen heute:

1. Herr _____,
geboren am _____ in _____,
– ausgewiesen durch gültigen Personalausweis,
nach Angabe geschieden.

2. Frau _____,
geboren am _____ in _____,
– ausgewiesen durch gültigen Personalausweis,
nach Angabe ledig.

Die Erschienenen erklären gemeinsam zu meinem Protokoll:
Wir beabsichtigen, am _____ vor dem Standesbeamten in _____ die Ehe miteinander einzugehen und schließen im Wege einer vorehelichen Vereinbarung für unsere künftige Ehe den nachstehenden Vertrag. Wir sind beide deutsche Staatsangehörige. Der Erschienene zu 1.) ist von Beruf _____ und Eigentümer mehrerer Geschäftsimmobilien in _____. Die Erschienene zu 2.) ist von Beruf _____. Wir haben beide keine Kinder.

§ 1 Güterstand

(1) Wir wollen den gesetzlichen Güterstand der Zugewinngemeinschaft für unsere künftige Ehe ausdrücklich aufrechterhalten, ihn allerdings wie folgt modifizieren:

(2) Für den Fall, dass der Güterstand auf andere Weise als durch den Tod eines Ehegatten beendet wird, soll der Zugewinn nach folgender Maßgabe ausgeglichen werden:

a) Die Höhe des Zugewinns wird für jedes vollendete Ehejahr (berechnet von der Eheschließung bis zur Rechtshängigkeit des Scheidungsantrags) auf höchstens _____ Euro (in Worten: _____ Euro) begrenzt.

b) Für ein nicht vollendetes Ehejahr wird der Zugewinn unter Berücksichtigung des zuvor genannten Höchstbetrages anteilig berechnet.

§ 2 Unterhaltsbeschränkung und -verzicht

(1) Die gesetzlichen Vorschriften zum nachehelichen Unterhalt finden grundsätzlich Anwendung. Zusätzlich vereinbaren wir jedoch, dass die Höhe des gesetzlichen nachehelichen Unterhalts (Gesamtunterhalt einschließlich Vorsor-

geunterhalt und Sonderbedarf) auf den Betrag von .... Euro (in Worten: .... Euro) monatlich begrenzt wird.

(2) Diese Begrenzung gilt nicht für den Unterhalt wegen Betreuung eines Kindes nach § 1570 oder § 1573 Absatz 2 BGB sowie beim Unterhalt wegen Alters oder Krankheit. Dieser wird in voller Höhe gewährt. Wir sind uns darüber einig, dass der konkrete Bedarf eines Ehegatten sich nach unserem Lebensstil derzeit auf .... Euro (in Worten: .... Euro) monatlich beläuft.

(3) Für den Fall, dass nach dem Auslaufen dieser Unterhaltsansprüche noch Anschlusstatbestände[1] zum Tragen kommen, soll auch für diese die Begrenzung nach Absatz 1 gelten.

(4) Sowohl der vereinbarte Höchstbetrag als auch der Betrag des konkreten Bedarfs sollen wertbeständig sein. Aus diesem Grund erhöhen bzw. vermindern sie sich in demselben prozentualen Verhältnis, in dem sich der vom Statistischen Bundesamt in Wiesbaden für jeden Monat festgestellte und veröffentlichte Verbraucherpreisindex für Deutschland gegenüber dem für .... [Monat und Jahr des Vertragsabschlusses] festgestellten Index verändert.

(5) Eine Erhöhung oder Verminderung des Höchstbetrags oder des Betrags des konkreten Bedarfs wird erstmals bei Rechtskraft der Scheidung festgelegt und erfolgt anschließend jeweils dann, wenn die Indexveränderung zu einer Erhöhung oder Verminderung des jeweils maßgeblichen Betrags um mindestens 10 Prozent (zehn vom Hundert) gegenüber dem zuletzt festgesetzten Betrag geführt hat.

(6) Es wird ausdrücklich darauf hingewiesen, dass sich die Höhe des nachehelichen Unterhalts nach den gesetzlichen Vorschriften errechnet. Aus diesem Grund besteht durch die vorstehende Regelung kein Anspruch auf Unterhaltszahlung in dieser Höhe. Es handelt sich bei Absatz 1 vielmehr um eine Kappungsgrenze für den Fall, dass sich nach dem Gesetz ein höherer Betrag ergäbe, und bei Absatz 2 um eine genaue Festlegung des konkreten Bedarfs.

(7) Eigenes Einkommen des Unterhaltsberechtigten ist im Wege der Differenzmethode anzurechnen, sofern es eheprägend war, sonst im Wege der Anrechnungsmethode.

(8) Zusätzlich vereinbaren wir (mit Ausnahme der Regelung des Unterhalts nach Absatz 2) folgende weitere Beschränkung: Sollte unsere Ehe zwischen Eheschließung und Rechtshängigkeit eines Scheidungsantrags nicht länger als fünf Jahre gedauert haben, dann soll die vorgenannte Unterhaltspflicht nur für einen Zeitraum von fünf Jahren ab Rechtskraft der Ehescheidung gelten.

(9) Wir verzichten hiermit wechselseitig auf weitergehende Unterhaltsansprüche. Der Erschienene zu 1.) verzichtet gegenüber der Erschienenen zu 2.) darüber hinaus vollständig auf jedweden Unterhalt. Dieser Unterhaltsverzicht gilt auch für den Fall der Not. Die Parteien nehmen diesen Verzicht wechselseitig an.

(10) Der Verzicht soll auch für den Fall einer Änderung der einschlägigen gesetzlichen Vorschriften bzw. der Rechtsprechung gelten.

(11) Wir wurden von dem Notar über das Wesen des nachehelichen Unterhalts und die Auswirkungen des Verzichts eingehend belehrt, sowie darüber, dass ein Unter-

---

1 Welche Anschlusstatbestände für einen Unterhaltsanspruch in Frage kommen, können Sie auf Seite 28 ff. nachlesen.

haltsverzicht sittenwidrig sein oder gegen Treu und Glauben verstoßen kann. Wir wissen außerdem, dass der Vertrag einer Inhaltskontrolle unterliegt.

§ 3 Modifikation des Versorgungsausgleichs

(1) Für unsere Ehe soll der Versorgungsausgleich nach den gesetzlichen Bestimmungen mit der Maßgabe durchgeführt werden, dass dem ausgleichungsberechtigten Ehegatten entgegen § 1587 a Absatz 1 Satz 2 BGB nur 25 Prozent statt der Hälfte des Wertunterschieds zustehen.

(2) Unterschreiten die im Versorgungsausgleich zu bewertenden Anrechte des ausgleichspflichtigen Ehegatten diejenigen eines Bundesbeamten der Besoldungsgruppe A13 unabhängig vom Lebensalter für die gesamte Ehezeit gerechnet nach der fünften Dienstaltersstufe ohne Familienzuschlag, Leistungsprämien oder -zulagen, so steht dem Ausgleichsberechtigten stattdessen die Hälfte des Wertunterschieds zu.

(3) Der Ehemann verzichtet vollständig auf jeden Versorgungsausgleich, für den Fall, dass er Ausgleichsberechtigter ist.

(4) Eine Abänderung dieser Vereinbarung (insbesondere nach § 10 a Absatz 9 VAHRG) wird ausgeschlossen.

(5) Durch diese Vereinbarung soll entgegen § 1414 Satz 2 BGB keine Gütertrennung eintreten.

(6) Die Vertragsparteien wurden von dem Notar über die rechtliche und wirtschaftliche Tragweite der Änderung des Versorgungsausgleichs ausführlich belehrt. Des Weiteren erfolgte eine Belehrung darüber, dass ein Ausschluss des Versorgungsausgleichs unwirksam ist, wenn innerhalb eines Jahres seit Eheschließung ein Antrag auf Scheidung der Ehe gestellt wird.

(7) Sofern dieser Fall eintritt, soll die vorstehende Vereinbarung als eine solche nach § 1587 o BGB gelten. Über die dann erforderliche Genehmigung des Familiengerichts wurden die Parteien unterrichtet.

(8) Sollte die Einschränkung des Versorgungsausgleichs unwirksam sein, weil einer der Ehepartner einen Scheidungsantrag innerhalb der Jahresfrist des § 1408 BGB stellt, und auch durch das Familiengericht nach § 1587 o BGB nicht genehmigt werden, so wird die Wirksamkeit der übrigen Vereinbarungen dieses Vertrags hiervon ausdrücklich nicht berührt.

(9) Wir nehmen die vorstehenden ehevertraglichen Vereinbarungen hiermit gegenseitig an. Weitere Vereinbarungen wollen wir nach Belehrung durch den Notar nicht treffen.

§ 4 Schlussbestimmungen

(1) Wir wurden von dem Notar über den Inhalt und die rechtlichen Folgen aus diesem Vertrag eingehend belehrt. Insbesondere hat der Notar auf die Rechtsprechung des Bundesverfassungsgerichts und des Bundesgerichtshofs zur Inhaltskontrolle von Eheverträgen hingewiesen und erläutert, dass ehevertragliche Regelungen bei einer besonders einseitigen Aufbürdung von vertraglichen Lasten und einer erheblich ungleichen Verhandlungsposition unwirksam oder unanwendbar sein können.

(2) Wir erklären, dass wir nach einer Vorbesprechung und dem Erhalt eines Vertragsentwurfs die rechtlichen Regelungen dieses Vertrags umfassend erörtert haben ⤍

und diese Regelungen unserem gemeinsamen Wunsch zur Gestaltung der ehelichen Verhältnisse entsprechen.

(3) Wir wurden von dem Notar darauf hingewiesen, dass bei einer Änderung der Ehekonstellation – hierher gehören insbesondere die Geburt gemeinsamer Kinder oder gewichtige Änderungen der Erwerbsbiographie – die Regelungen auch nachträglich einer Ausübungskontrolle unterliegen können. In diesem Fall hat er uns geraten, den Vertrag der veränderten Situation anzupassen.

(4) Sollten einzelne Bestimmungen dieses Vertrags unwirksam sein oder werden oder sollte sich im Vertrag eine Regelungslücke zeigen, so wird die Wirksamkeit der übrigen Bestimmungen hierdurch nicht berührt. In diesem Fall sind die Beteiligten verpflichtet, eine ersetzende Bestimmung zu vereinbaren, die dem wirtschaftlichen Sinn der unwirksamen Bestimmung im Gesamtzusammenhang der getroffenen Regelung in rechtlich zulässiger Weise am nächsten kommt, oder eine neue Bestimmung zu treffen, welche die Regelungslücke des Vertrags so schließt, als hätten sie diesen Punkt von vornherein bedacht.

(5) Der Notar hat uns eingehend über die Auswirkungen der salvatorischen Klausel[2] und darauf hingewiesen, dass die Klausel nur zu einer Änderung der Beweislast führt. Wir erklären ausdrücklich, dass wir keine von der salvatorischen Klausel abweichende Festlegung für bestimmte Vertragsklauseln wünschen.

(6) Wir beantragen die Erteilung je einer Ausfertigung dieser Urkunde.

(7) Die Kosten dieser Urkunde tragen wir gemeinsam.

[Ort, Datum, Unterschriften]

---

2 Bei § 4 Absatz 4 handelt es sich um eine salvatorische Klausel. Diese Klauseln dienen dazu, dass bei der Unwirksamkeit einer oder mehrerer Vertragsklauseln der Vertrag im Übrigen weiter Bestand haben kann und die Vertragsparteien verpflichtet werden, den Vertrag entsprechend anzupassen.

Ein Ehepartner bringt Schulden in die Ehe ein

Bringt ein Ehepartner Schulden in die Ehe ein, ist es im Güterstand der Zugewinngemeinschaft ratsam, das negative Anfangsvermögen dieses Ehegatten im Ehevertrag zu beziffern. Andernfalls würde im Falle einer Scheidung das Anfangsvermögen bei der Berechnung des Zugewinnausgleichs mit Null festgesetzt werden. Der verschul-

Beispiel: Zugewinnausgleich ohne Ehevertrag

	Ehemann	Ehefrau
Endvermögen bei Rechtshängigkeit der Scheidung	0 Euro	300.000 Euro
abzüglich Schulden	−25.000 Euro	0 Euro
	0 Euro	300.000 Euro
abzüglich **Anfangsvermögen** bei Eheschließung	0 Euro	250.000 Euro
Zugewinn	0 Euro	50.000 Euro

Ohne Ehevertrag werden sowohl die Anfangs- als auch die Endschulden des Ehemannes mit Null angesetzt. Dadurch hat er überhaupt keinen Zugewinn, und die Ehefrau muss ihren Zugewinn in Höhe von 50.000 Euro mit ihm teilen, ihm also 25.000 Euro zahlen.

Beispiel: Zugewinnausgleich mit Ehevertrag

	Ehemann	Ehefrau
Endvermögen bei Rechtshängigkeit der Scheidung	0 Euro	300.000 Euro
abzüglich Schulden	−25.000 Euro	0 Euro
	−25.000 Euro	300.000 Euro
abzüglich **Anfangsvermögen** bei Eheschließung	−50.000 Euro	250.000 Euro
Zugewinn	25.000 Euro	50.000 Euro

Da der Zugewinn der Ehefrau in Höhe von 50.000 Euro den Zugewinn des Ehemannes um 25.000 Euro übersteigt, muss sie ihm davon die Hälfte, also 12.500 Euro, als Zugewinnausgleich zahlen.

dete Ehepartner würde hiervon profitieren und von dem anderen Ehepartner die Hälfte des während der Ehezeit erlangten Vermögens erhalten. Dabei spielt es dann keine Rolle mehr, dass er während der Ehe seine Schulden aus dem gemeinsam erwirtschafteten Ehevermögen bereits beglichen hat. In den beiden Berechnungsbeispielen für den Zugewinnausgleich mit und ohne die Vereinbarung eines negativen Anfangsvermögens wird davon ausgegangen, dass der Ehemann 50.000 Euro Schulden mit in die Ehe bringt.

URNr. _____ /20 __

Ehe- und Erbvertrag

Verhandelt zu _____ am _____ .
Vor mir, dem Notar _____
mit dem Amtssitz in _____ , erschienen heute:

1. Herr _____ ,
geboren am _____ in _____ ,
– ausgewiesen durch gültigen Personalausweis,
nach Angabe rechtskräftig geschieden.

2. Frau _____ , geborene _____ ,
geboren am _____ in _____ ,
– ausgewiesen durch gültigen Personalausweis,
nach Angabe rechtskräftig geschieden.

Die Erschienenen erklären gemeinsam zu meinem Protokoll:
Wir beabsichtigen, am _____ vor dem Standesbeamten in _____ die Ehe miteinander einzugehen, und schließen im Wege einer vorehelichen Vereinbarung für unsere künftige Ehe den nachstehenden Vertrag. Wir sind beide deutsche Staatsangehörige. Wir haben bisher keinen Ehevertrag geschlossen und sind nicht durch Erbvertrag oder gemeinschaftliches Testament mit Dritten in der Verfügung über unseren Nachlass gebunden. Der Erschienene zu 1.) ist von Beruf _____ und kinderlos. Die Erschienene zu 2.) ist von Beruf _____ und hat zwei Kinder aus erster Ehe.

§ 1 Güterstand

(1) Wir sind uns darüber einig, dass für die Durchführung des Zugewinnausgleichs im Falle der Scheidung das Anfangsvermögen der Erschienenen zu 2.) auf _____ Euro (in Worten: _____ Euro) festgesetzt wird. ⤑

Der Erschienene zu 1.) hat Verbindlichkeiten in Höhe von ▮▮▮▮▮▮ Euro (in Worten: ▮▮▮▮▮▮▮▮▮▮ Euro). Positives Vermögen besitzt er nicht. Aus diesem Grund wird sein Anfangsvermögen entgegen § 1374 Absatz 1 BGB[1] auf minus ▮▮▮▮▮ Euro (in Worten: ▮▮▮▮▮▮▮▮ Euro) festgesetzt. Von diesem Betrag aus berechnet sich sein Zugewinn. Ein solcher liegt in diesem Fall auch dann vor, wenn das Endvermögen zwar negativ bleibt, das Minus jedoch geringer ist als bei der Eheschließung.

(2) Die Vertragsparteien stellen fest und bestätigen wechselseitig, dass diejenigen Gegenstände, die in der Anlage 1 dieser Urkunde aufgeführt sind, der Erschienenen zu 2.) gehören und zu ihrem Anfangsvermögen zählen. Lediglich die in der Anlage 2 aufgeführten Gegenstände sind Eigentum des Erschienenen zu 1.) und gehören zu seinem Anfangsvermögen. Es besteht Einigkeit darüber, dass nur die Erschienene zu 2.) künftig Hausratsgegenstände im eigenen Namen erwerben wird.

(3) Der Notar hat uns darauf hingewiesen, dass im Einzelfall hiervon abweichend eine konkret anders getroffene Vereinbarung zulässig ist. Er hat ferner geraten, bei jeder wichtigen und wertvollen Anschaffung zusammen mit dem Verkäufer eine Rechnung zu erstellen, die die Erschienene zu 2.) als Erwerberin und Eigentümerin ausweist. Diese Rechnungen sind sorgfältig aufzubewahren.[2]

§ 2 Unterhalt und Versorgungsausgleich

(1) Vereinbarungen über den nachehelichen Unterhalt und den Versorgungsausgleich sollen vorerst nicht getroffen werden.

(2) Die vorstehenden ehevertraglichen Vereinbarungen nehmen wir hiermit gegenseitig an.[3]

§ 3 Erbrechtliche Verfügungen

(1) Der Erschienene zu 1.) verzichtet hiermit gegenüber der Erschienenen zu 2.) auf sein gesetzliches Pflichtteilsrecht. Diese nimmt den Verzicht hiermit an.

(2) Die Erschienene zu 2.) hat mit Testament des Notars ▮▮▮▮▮▮▮▮ in ▮▮▮▮▮▮▮▮ ihre beiden Kinder zu je gleichen Teilen zu Erben eingesetzt. Dieses Testament soll ausdrücklich aufrecht erhalten bleiben, soweit es nachstehend nicht eingeschränkt wird.

(3) Des Weiteren vereinbaren die Vertragsparteien in erbvertraglicher, einseitig nicht widerruflicher Weise, das Folgende:

---

[1] § 1374 BGB besagt, dass Verbindlichkeiten nur bis zur Höhe des Vermögens abgezogen werden dürfen (vgl. Seite 16).

[2] Diese Vereinbarung soll Pfändungen bei dem verschuldeten Ehegatten verhindern helfen. Einen 100%igen Schutz bietet eine solche Klausel aber keinesfalls. Zum einen kann dem verschuldeten Partner nicht per Vertragsklausel zwingend untersagt werden, selbst etwas für den Haushalt anzuschaffen. Zum anderen kann eine solche Vereinbarung nicht die Eigentumsvermutung nach § 1362 BGB (vgl. Seite 24 f.) außer Kraft setzen. Deshalb sollte bei Kaufgeschäften stets deutlich werden, dass der nicht verschuldete Ehegatte Käufer und Rechnungsadressat ist. Mit diesen Belegen kann er gegenüber Gläubigern des verschuldeten Partners seine Eigentümerstellung nachweisen.

[3] Dieser Satz steht hier, weil die ehevertraglichen Regelungen zu Ende sind und zunächst angenommen werden müssen, bevor der zweite Vertragsteil mit den erbvertraglichen Regelungen folgt.

Der gemeinsame Wohnsitz soll im Haus der Erschienenen zu 2.) in ▭▭▭▭▭ ▭▭▭▭▭, im ▭▭▭▭▭ genommen werden. Aus diesem Grund ordnet die Erschienene zu 2.) für den Fall des Erstversterbens vor dem Erschienenen zu 1.) folgendes Vermächtnis an:

a) Der Erschienene zu 1.) – nachfolgend kurz: »der Berechtigte« – erhält im Wege eines Vermächtnisses das lebenslange und unentgeltliche Wohnungsrecht gemäß § 1093 BGB in dem genannten Anwesen, bestehend in dem Recht, die abgeschlossene Wohnung im Erdgeschoss unter Ausschluss des Eigentümers[4] als Wohnung zu benutzen.

b) Der Berechtigte ist befugt, die zum gemeinsamen Gebrauch der Hausbewohner bestimmten Räume, Anlagen und Einrichtungen mitzubenutzen, insbesondere Garage, Hof und Garten.

c) Der Berechtigte darf sich im gesamten Anwesen – mit Ausnahme der persönlichen Räume des Eigentümers – frei bewegen.

d) Der Berechtigte hat die Kosten für Beheizung, Beleuchtung, Strom- und Wasserbezug sowie die auf ihn entfallenden Kanal- und Müllabfuhrgebühren zu tragen. Das Gleiche gilt für die Schönheitsreparaturen innerhalb der zum Wohnungsrecht gehörenden Räume.

e) Der Berechtigte ist nicht an den sonstigen Haus- und Grundstückskosten, beispielsweise Grundsteuer, Beiträge zur Brandversicherung, Erschließungs- und Anliegerkosten, zu beteiligen.

f) Der Berechtigte ist nicht befugt, die Ausübung des Wohnungsrechts ganz oder teilweise, entgeltlich oder unentgeltlich Dritten zu überlassen. Entgegen § 1093 Absatz 2 BGB darf der Berechtigte keine anderen Personen in die Wohnung aufnehmen.

g) Der Vermächtnisnehmer ist berechtigt, nach dem Tod des Erblassers eine dingliche Sicherung des Wohnungsrechts durch Grundbucheintragung auf Kosten der Erben zu verlangen.

(4) Außerdem erhält der Erschienene zu 1.) den unentgeltlichen Nießbrauch auf Lebensdauer an allen beweglichen Gegenständen in der vorgenannten Wohnung.

(5) Etwaige Kosten und Steuern, die durch die Vermächtniserfüllung anfallen, haben die Erben zu tragen. Die Vermächtnisse fallen mit dem Tod der Erschienenen zu 2.) an.

(6) Die in dieser Urkunde getroffenen erbrechtlichen Verfügungen sollen unabhängig von unserer künftigen Eheschließung gelten. Allerdings behält sich jede Vertragspartei das bedingungslose Rücktrittsrecht vom erbrechtlichen Teil dieses Vertrags vor. Dieses Rücktrittsrecht erlischt mit dem Tod des anderen Vertragschließenden oder mit Eheschließung der Parteien. Für den Fall des Rücktritts und seine Folgen gelten die gesetzlichen Bestimmungen.[5]

(7) Die Vertragsparteien bestimmen ausdrücklich, dass die vorstehenden Verfügungen auch dann Bestand haben sollen, falls bei ihrem Tod nicht bedachte Pflichtteilsberechtigte vorhanden sein sollten.

---

[4] »Unter Ausschluss des Eigentümers« bedeutet, dass der Eigentümer bei Ausübung des Wohnungsrechts durch den Berechtigten nicht nutzungsberechtigt ist.
[5] Der Rücktritt des Erblassers vom Erbvertrag ist in den §§ 293 ff. BGB geregelt.

(8) Der Notar hat uns über die Tragweite unserer vorstehenden erbrechtlichen Erklärungen eingehend belehrt. Insbesondere wurden wir hingewiesen auf

- das Pflichtteilsrecht,
- die erbvertragliche Bindungswirkung,
- das freie Verfügungsrecht unter Lebenden und seine Grenzen,
- das Anfechtungsrecht,
- die Bestimmungen des Erbschaftsteuer- und Schenkungsteuergesetzes.

§ 4 Schlussbestimmungen

(1) Wir beantragen die Erteilung je einer Ausfertigung dieser Urkunde.

(2) Unsere Geburtsstandesämter erhalten eine Mitteilung über die Errichtung dieser Urkunde.

(3) Die Kosten dieser Urkunde tragen wir gemeinsam.

[Ort, Datum, Unterschriften]

Ein Ehepartner erwartet ein größeres Erbe

Hat ein Ehegatte ein größeres Erbe zu erwarten, sei es durch die normale oder durch vorweggenommene Erbfolge, haben in der Regel nicht nur dessen Eltern oder Verwandten ein Interesse daran, dass die Erträge aus diesem Vermögen bei einer Scheidung nicht durch den Zugewinnausgleich verringert werden.

Dies kann beispielsweise passieren, wenn Immobilien eine erhebliche Wertsteigerung erfahren, die im Rahmen des Zugewinnausgleichs ausgeglichen werden muss. Das würde ein Ehevertrag verhindern, wonach sämtliche Vermögensgegenstände der Ehegatten, die als Anfangsvermögen im Sinne des § 1374 BGB anzusehen sind, bei Beendigung der Ehe durch Scheidung oder Tod vom Zugewinnausgleich nicht berücksichtigt werden.

URNr. _____ /20__

Ehe- und Erbvertrag

Verhandelt zu _____ am _____ .
Vor mir, dem Notar _____
mit dem Amtssitz in _____ , erschienen heute:

1. Herr _____ ,
geboren am _____ in _____ ,
– ausgewiesen durch gültigen Personalausweis,
nach Angabe rechtskräftig geschieden.

2. Frau _____ ,
geboren am _____ in _____ ,
– ausgewiesen durch gültigen Personalausweis,
nach Angabe ledig.

Die Erschienenen erklären gemeinsam zu meinem Protokoll:

Wir beabsichtigen, am _____ vor dem Standesbeamten in _____ die Ehe miteinander einzugehen und schließen im Wege einer vorehelichen Vereinbarung für unsere künftige Ehe den nachstehenden Vertrag. Wir sind beide deutsche Staatsangehörige und kinderlos. Wir haben bisher keinen Ehevertrag geschlossen und sind nicht durch Erbvertrag oder gemeinschaftliches Testament mit Dritten in der Verfügung über unseren Nachlass gebunden. Der Erschienene zu 1.) ist in fünfter Generation Inhaber der XY-Reederei. Die Erschienene zu 2.) ist von Beruf _____ .

§ 1 Güterstand

(1) Wir wollen den gesetzlichen Güterstand der Zugewinngemeinschaft für unsere künftige Ehe ausdrücklich aufrechterhalten erhalten, ihn jedoch wie folgt modifizieren:

(2) Bei Scheidung der Ehe zu Lebzeiten oder dem Tod eines Ehegatten sollen im Zugewinnausgleich sämtliche Vermögenswerte, die ein jeder Ehegatte in der Vergangenheit oder zukünftig von Todes wegen oder mit Rücksicht auf ein künftiges Erbrecht, durch Schenkung oder als Ausstattung erwirbt, sowie überhaupt das gesamte Anfangsvermögen im Sinne des § 1374 Absatz 1 BGB in keiner Weise berücksichtigt werden. Bereits vorhandene Vermögenswerte der Vertragsparteien sind in der Anlage 1 zu diesem Vertrag aufgeführt.

(3) Die vorstehende Regelung gilt auch für den Fall, dass sich ein negativer Betrag ergibt, sowie insbesondere für Wertsteigerungen oder Verluste des Vermögens.

(4) Desgleichen sollen auch die diese Vermögenswerte betreffenden und ihnen dienenden Verbindlichkeiten im Zugewinnausgleich nicht berücksichtigt werden.

→

(5) Wir nehmen die vorstehenden ehevertraglichen Vereinbarungen hiermit gegenseitig an. Weitere Vereinbarungen wollen wir nach Belehrung durch den Notar nicht treffen, insbesondere keine Regelung zum nachehelichen Unterhalt und zum Versorgungsausgleich.

§ 2 Erbrechtliche Verfügungen

(1) Hiermit verzichten wir gegenseitig auf unser gesetzliches Pflichtteilsrecht in Bezug auf das nach § 1 dieser Urkunde vom Zugewinnausgleich ausgenommene Vermögen und nehmen den Verzicht wechselseitig an.

(2) Des Weiteren vereinbaren wir in erbvertraglicher, einseitig nicht widerruflicher Weise das Folgende:

a) Die Vertragsparteien nehmen ihren gemeinsamen Wohnsitz im Haus des Erschienenen zu 1.) in _____straße, _____. Dieses Anwesen gehört zu dem nach § 1 dieses Vertrags vom Zugewinn ausgenommenen Vermögen. Aus diesem Grund ordnet der Erschienene zu 1.) für den Fall, dass er der Erstversterbende der Parteien ist, folgendes Vermächtnis an, ohne hierfür Ersatzvermächtnisnehmer zu bestimmen[1]:

Die Erschienene zu 2.) erhält den unentgeltlichen Nießbrauch auf Lebensdauer an dem vorgenannten Anwesen. Der Grundbesitz ist eingetragen im Grundbuch des Amtsgerichts _____ für _____, Blatt _____.

b) Demzufolge ist die Erschienene zu 2.) berechtigt, sämtliche Nutzungen aus dem besagten Grundbesitz zu ziehen, und verpflichtet, sämtliche auf dem Grundbesitz ruhenden privaten und öffentlichen Lasten einschließlich der außerordentlichen Lasten zu übernehmen. Die Erschienene zu 2.) ist verpflichtet, die nach der gesetzlichen Lastenverteilungsregelung dem Eigentümer obliegenden privaten Lasten zu tragen, insbesondere die außergewöhnlichen Instandsetzungen und Erneuerungen. Darüber hinaus gelten für das Nießbrauchsrecht die gesetzlichen Bestimmungen.

c) Das Nießbrauchsrecht der Erschienenen zu 2.) ist auf Kosten der Erben dinglich zu sichern, und zwar an erster Rangstelle. Ebenso wird der Erschienenen zu 2.) der unentgeltliche Nießbrauch auf Lebensdauer an allen beweglichen Gegenständen im Hausanwesen _____ in _____ gewährt.

d) Etwaige Kosten und Steuern der Vermächtniserfüllung sind von den Erben zu tragen. Die Vermächtnisse fallen mit dem Tod des Erschienenen zu 1.) an.

(3) Die Vertragsparteien bestimmen ausdrücklich, dass die vorstehenden Verfügungen auch dann gelten sollen, wenn bei ihrem Tod nicht bedachte Pflichtteilsberechtigte vorhanden sein sollten. Die Parteien verzichten auf ein Anfechtungsrecht nach § 2079 BGB.

(4) Wir wurden über die Tragweite unserer vorstehenden erbrechtlichen Erklärungen von dem Notar eingehend belehrt. Er hat uns insbesondere hingewiesen auf

⟶ das Pflichtteilsrecht,

---

1   Kann oder will der Vermächtnisnehmer das Vermächtnis nicht annehmen und ist kein Ersatzvermächtnisnehmer bestimmt worden, dann wird das Vermächtnis unwirksam.   ⟶

⟶ die erbvertragliche Bindungswirkung,
⟶ das freie Verfügungsrecht unter Lebenden und seine Grenzen,
⟶ das Anfechtungsrecht,
⟶ die Bestimmungen des Erbschaftsteuer- und Schenkungsteuergesetzes.

(5) Die Parteien behalten sich ein bedingungsloses Rücktrittsrecht von den vorstehenden erbrechtlichen Vereinbarungen vor. Dieses Rücktrittsrecht erlischt mit dem Tod des jeweils anderen Vertragschließenden oder mit der Eheschließung der Vertragsparteien. Wir wurden auf die Formvorschriften des Rücktritts nach § 2296 BGB[2] hingewiesen. Für den Fall des Rücktritts sowie für seine Folgen gelten die gesetzlichen Bestimmungen. Demzufolge wird durch den Rücktritt einer Vertragspartei der gesamte Erbvertrag aufgehoben.

§ 3 Schlussbestimmungen

(1) Die Vertragsparteien beantragen die Erteilung je einer Ausfertigung dieser Urkunde.

(2) Die Geburtsstandesämter der Parteien erhalten eine Mitteilung über die Errichtung dieser Urkunde.

(3) Die Kosten dieser Urkunde tragen wir gemeinsam.

[Ort, Datum, Unterschriften]

---

2 Nach § 2296 BGB muss die Rücktrittserklärung notariell beurkundet werden.

Ein Ehepartner ist Ausländer

Ist einer der Ehepartner kein deutscher Staatsbürger und beabsichtigen die Eheleute in dessen Heimatland zu leben, ist es ratsam, vor der Hochzeit einen Ehevertrag abzuschließen. Aus diesem sollte hervorgehen, dass deutsches Recht gewählt wurde. Zusätzlich können allerdings bestimmte Voraussetzungen zu erfüllen sein, damit der Ehevertrag im Ausland für beide Ehegatten wirksam ist. So ist es beispielsweise beim Abschluss eines Ehevertrages mit einem Muslim erforderlich, dass der Beurkundung zwei männliche Zeugen muslimischen Glaubens beigewohnt haben. Auskünfte hierüber erteilen die diplomatischen bzw. konsularischen Vertretungen des Heimatlandes des ausländischen Ehegatten.

Im Übrigen gelten für die Ehe eines deutschen und eines ausländischen Partners insbesondere die Artikel 14 ff. des Einführungsgesetzes zum BGB. Nach diesen Vorschriften kann beispielsweise das deutsche Ehegüterrecht für Ehegatten Anwendung finden, wenn sie ihren gewöhnlichen Aufenthalt in Deutschland haben. Ist deutsches Recht anwendbar, dann gilt grundsätzlich auch das deutsche Ehegüterrecht.

Deutsches Ehegüterrecht

Natürlich kann dieser Ratgeber nicht auf die verschiedenen Rechtsverhältnisse weltweit eingehen. Das folgende Vertragsbeispiel enthält einige Besonderheiten, die nur für Staaten mit islamischer Rechtsordnung gelten und nicht auf andere Länder übertragbar sind. Bei der Heirat mit einem ausländischen Partner gilt in erhöhtem Maß, dass Sie sich unbedingt von sachkundigen Rechtsanwälten beraten lassen sollten.

Wollen zwei ausländische Partner in Deutschland heiraten, benötigen sie – je nach ihrem Herkunftsland – bestimmte Dokumente. Dazu gehört z.B. ein Ehefähigkeitszeugnis, das im folgenden Vertragsmuster durch eine eidesstattliche Erklärung ersetzt wurde. Die Einzelheiten können Sie beim Standesamt erfragen. Sind sämtliche Voraussetzungen für die Heirat ausländischer Partner in Deutschland erfüllt, dann gilt für deren Ehe auch deutsches Recht.

URNr. _____ /20___

Ehevertrag

Verhandelt zu _____ am _____ .
Vor mir, dem Notar _____
mit dem Amtssitz in _____ , erschienen heute:

1. Herr _____ ,
geboren am _____ in _____ ,
– ausgewiesen durch gültigen _____ [Nationalität] Pass,
laut eidesstaatlicher Versicherung nicht verheiratet.

⇢

2. Frau _____ ,
geboren am _____ in _____ ,
– ausgewiesen durch gültigen Personalausweis,
nach Angabe ledig.

Der beurkundende Notar hat sich davon überzeugt, dass der Erschienene zu 1.) der deutschen Sprache in Schrift und Wort hinreichend mächtig ist. Aus diesem Grund kann auf die Hinzuziehung eines Dolmetschers verzichtet werden.

Der Erschienene zu 1.) gibt nach Belehrung über die Bedeutung einer eidesstattlichen Versicherung und die strafrechtlichen Folgen unrichtiger Angaben die folgende

eidesstattliche Versicherung

und erklärt:

Ich versichere an Eides statt, dass ich derzeit nicht verheiratet bin.

Nachfolgend erklären die Erschienenen gemeinsam zu meinem Protokoll:
Wir beabsichtigen, am _____ vor dem Standesbeamten in _____ die Ehe miteinander einzugehen und schließen im Wege einer vorehelichen Vereinbarung für unsere künftige Ehe den nachstehenden Vertrag. Der Erschienene zu 1.) ist _____ Staatsangehöriger. Die Erschienene zu 2.) ist deutsche Staatsangehörige. Wir sind beide kinderlos. Wir haben bisher keinen Ehevertrag geschlossen und sind nicht durch Erbvertrag oder gemeinschaftliches Testament mit Dritten in der Verfügung über unseren Nachlass gebunden. Der Erschienene zu 1.) ist _____ , die Erschienene zu 2.) ist _____ von Beruf.

§ 1 Rechtswahl

(1) Wir wählen für das Vermögensrecht sowie für die persönlichen Wirkungen unserer Ehe das deutsche Recht.

(2) Darüber hinaus soll auch für die allgemeinen Ehewirkungen das deutsche Recht gelten. Die unter § 5 dieser Urkunde getroffenen Vereinbarungen gelten lediglich für den Fall, dass die Eheleute ihren Wohnsitz in einem Land islamischer Rechtsordnung nehmen und in diesem Land das deutsche Eherecht keine Anwendung findet.

§ 2 Güterrecht

(1) Für unsere künftige Ehe soll der Güterstand der Gütertrennung gelten. Wir schließen deshalb den gesetzlichen Güterstand aus.

(2) Wir wurden von dem Notar darauf hingewiesen, dass durch die Vereinbarung der Gütertrennung ein Zugewinnausgleich bei Beendigung der Ehe, vor allem nach einer Scheidung, nicht stattfindet und dass sich das gesetzliche Erbrecht sowie das Pflichtteilsrecht vermindern können.

(3) Wir sind beide berechtigt, ohne Zustimmung des anderen über unser eigenes Vermögen im Ganzen frei zu verfügen. Dies gilt auch für die Gegenstände des ehelichen Haushalts, die einem von uns allein gehören.

§ 3 Versorgungsausgleich

(1) Der Versorgungsausgleich wird ausgeschlossen.

(2) Wir wurden von dem Notar über die Bedeutung und die Folgen des Ausschlusses belehrt, insbesondere darüber, dass aufgrund dieser Vereinbarung der gesetzlich für den Fall der Scheidung vorgesehene Ausgleich der während der Ehezeit erworbenen Versorgungsanwartschaften nicht stattfindet.

(3) Des Weiteren hat der Notar uns darauf hingewiesen, dass der Ausschluss des Versorgungsausgleichs unwirksam ist, sofern einer von uns innerhalb eines Jahres nach Abschluss dieses Vertrages den Antrag auf Scheidung der Ehe stellen sollte.

§ 4 Nachehelicher Unterhalt

(1) Wir verzichten gegenseitig auf jeglichen nachehelichen Unterhalt. Dies soll auch für den Fall der Not gelten.

(2) Wir nehmen den Verzicht gegenseitig an.

(3) Wir wurden von dem Notar darauf hingewiesen, dass aufgrund dieses Unterhaltsverzichts im Falle einer Scheidung kein Ehegatte von dem anderen Unterhalt beanspruchen kann.

§ 5 Vereinbarungen zum islamischen Eherecht

(1) Unter Berücksichtigung des Heimatrechts des Erschienenen zu 1.) erklären die Vertragschließenden:

Ich, die Erschienene zu 2.), bin bereit, den Erschienenen zu 1.) gegen die Zahlung des nachstehenden Heiratsgeldes zu ehelichen. Ich, der Erschienene zu 1.), bin bereit, die Erschienene zu 2.) zu dieser Bedingung als meine Ehefrau anzunehmen.[1]

(2) Der Erschienene zu 1.) verpflichtet sich, seiner künftigen Ehefrau ein angemessenes Heiratsgeld zu zahlen. Das Heiratsgeld beträgt mindestens _____ Euro (in Worten: _____ Euro) oder einen gleichwertigen Betrag in der Heimatwährung des Erschienenen zu 1.) Der Erschienene zu 1.) ist verpflichtet, das Heiratsgeld auf Verlangen der Erschienenen zu 2.), spätestens jedoch bei Auflösung der Ehe durch Scheidung zu zahlen oder im Falle seines Todes die Zahlung zu veranlassen. Sollten die Vertragsparteien bei Auflösung der Ehe ihren Wohnsitz im Heimatstaat des Erschienenen zu 1.) haben, sind der Erschienenen zu 2.) neben dem obigen Betrag auch die etwa anfallenden Scheidungskosten sowie die Kosten ihrer Rückreise nach Deutschland zu erstatten.

---

[1] Nach islamischem Recht ist ein Betrag von mindestens 1000 Euro als Heiratsgeld – auch Morgengabe oder Mahr genannt – üblich.

(3) Der Erschienene zu 1.) bevollmächtigt die Erschienene zu 2.) unwiderruflich, durch Scheidung aus dem Bund der Ehe auszutreten, soweit dies nach dem Recht seines Heimatlandes möglich und gesetzlich zulässig ist. Unter dieser Maßgabe soll insbesondere die Scheidung der Erschienenen zu 2.) für den Fall möglich sein, dass der Erschienene zu 1.) eine andere Frau heiratet, seine Unterhaltspflicht verletzt oder die Erschienene zu 2.) unzumutbar behandelt.

(4) Der Erschienene zu 1.) ist verpflichtet, der Erschienenen zu 2.) nach einer Scheidung, die er selbst beantragt hat oder die von der Erschienenen zu 2.) aus den vorgenannten Gründen beantragt wurde, im Falle der Bedürftigkeit einen angemessenen Unterhalt zu zahlen, sofern dies nach den Gesetzen seines Heimatlandes zulässig ist.

(5) Sollten aus der Ehe der Vertragsparteien Kinder hervorgehen, dann soll im Falle der Auflösung der Ehe der erkennende Richter[2] entscheiden, bei welchem Elternteil die Kinder am besten aufgehoben sind. Bei seiner Entscheidung soll das Wohl des Kindes im Vordergrund stehen. Dementsprechend ist das Sorgerecht dem jeweiligen Elternteil zu übertragen. Für den Fall, dass ein Elternteil vorzeitig verstirbt, soll die elterliche Sorge für die Kinder auf den anderen Elternteil übergehen.

(6) Der Erschienene zu 1.) erteilt der Erschienenen zu 2.) als seiner künftigen Ehefrau unwiderruflich die Vollmacht, im Geschäftsleben sowie für alle Personenstands-, urkundlichen, pass- und registerlichen Zwecke ihren vorehelichen Familiennamen während der Ehe fortzuführen.

(7) Der Erschienene zu 1.) ermächtigt und bevollmächtigt die Erschienene zu 2.) als seine künftige Ehefrau unwiderruflich,

→ einen ehrenhaften Beruf auszuüben,

→ in der ehelichen Wohnung Besuch auch aus dem Ausland zu empfangen (insbesondere aus ihrem Heimatland),

→ ihre Wohnung selbst zu wählen und jederzeit frei und ohne Beschränkung zu reisen und auszureisen sowie

→ sich alle hierfür erforderlichen Urkunden und Genehmigungen des Erschienenen zu 1.) zu beschaffen.

Sollte hierfür eine Zustimmung oder Genehmigung des Erschienenen zu 1.) erforderlich sein, dann erteilt er diese bereits durch seine nachfolgende Unterschrift unwiderruflich.

§ 6 Schlussbestimmungen

(1) Die Vertragsparteien wurden durch den Notar über die Auswirkungen dieses Vertrages nach deutschem Recht belehrt. Eine Belehrung über den Inhalt ausländischen Rechts durch den Notar erfolgte nicht. Die Vertragschließenden haben übereinstimmend erklärt, dass sie sich über Form, Inhalt und Anerkennung des vorstehenden Ehevertrages nach dem Heimatrecht des Erschienenen zu 1.) erkundigt haben. Die Beurkundung des Ehevertrages soll der Erschienenen zu 2.) im Heimatland des Erschienenen zu 1.) den besten möglichen Rechtsschutz zuteil werden lassen.

---

2 Als erkennender Richter wird der Richter bezeichnet, der mit der Sache befasst ist.

> (2) Die Vertragsparteien beantragen die Erteilung je einer Ausfertigung dieser Urkunde.
>
> (3) Die Geburtsstandesämter der Parteien erhalten eine Mitteilung über die Errichtung dieser Urkunde.
>
> (4) Die Kosten dieser Urkunde tragen die Vertragsparteien gemeinsam.
>
> [Ort, Datum, Unterschriften]

Beide Partner sind geschieden und haben aus früheren Ehen Kinder

Bei Ehepartnern, die bereits verheiratet waren und ältere oder auch schon erwachsene Kinder aus der früheren Ehe haben, können erbrechtliche Regelungen besonders wichtig sein, damit die Rechte der Kinder nicht beeinträchtigt werden. Hierfür kann im Ehevertrag beispielsweise ein gegenseitiger Erb- und Pflichtteilsverzicht vereinbart werden. Eine durch die Eheschließung entstehende Witwen- bzw. Witweraltersversorgung wird durch einen Erb- und Pflichtteilsverzicht nicht hinfällig.

Wegfall der Geschiedenenwitwenrente nach erneuter Heirat

Geschiedenenwitwenrente steht der Frau zu, wenn die Ehe vor 1977 geschieden wurde und der geschiedene Mann bis zu seinem Tod Unterhalt geleistet hat oder dazu verpflichtet war. Das gilt jedoch nicht, wenn seine ehemalige Gattin wieder geheiratet hat – selbst wenn auch diese Ehe inzwischen endete.

Urteil des Bundessozialgerichts vom 20. 10. 2004 – Aktenzeichen B 5 RJ 39/03 R

Zieht ein Ehegatte in das Haus des anderen ein, sollte nicht versäumt werden, diesem ein Wohnrecht vertraglich zuzusichern, denn es ist nicht auszuschließen, dass der Besitzer der Immobilie vor seinem Partner stirbt. Um spätere Auseinandersetzungen mit den Kindern des Verstorbenen zu vermeiden, sollten diese bei der Beurkundung zugegen sein und ihren Verzicht auf die Geltendmachung von Pflichtteilsansprüchen hinsichtlich des Wohnrechts erklären.

URNr. _____ /20__

Ehevertrag

Verhandelt zu _____ am _____ .
Vor mir, dem Notar _____
mit dem Amtssitz in _____ , erschienen heute:

1. Herr _____ ,
geboren am _____ in _____ ,
– ausgewiesen durch gültigen Personalausweis,
nach Angabe verwitwet.

2. Frau _____ , geborene _____ ,
geboren am _____ in _____ ,
– ausgewiesen durch gültigen Personalausweis,
nach Angabe geschieden.

Die Erschienenen erklären gemeinsam zu meinem Protokoll:

Wir beabsichtigen, am _____ vor dem Standesbeamten in _____ die Ehe miteinander einzugehen und schließen im Wege einer vorehelichen Vereinbarung für unsere künftige Ehe den nachstehenden Vertrag. Wir sind beide deutsche Staatsangehörige und haben keine gemeinsamen Kinder. Wir haben bisher keinen Ehevertrag geschlossen und sind nicht durch Erbvertrag oder gemeinschaftliches Testament mit Dritten in der Verfügung über unseren Nachlass gebunden. Der Erschienene zu 1.) ist _____ von Beruf und hat ein Kind aus erster Ehe. Die Erschienene zu 2.) ist _____ von Beruf und hat _____ Kinder aus erster Ehe.

§ 1 Güterstand

(1) Wir vereinbaren für unsere Ehe den Güterstand der Gütertrennung.

(2) Der Notar hat uns über die Unterschiede zwischen dem gesetzlichen Güterstand der Zugewinngemeinschaft und dem Güterstand der Gütertrennung aufgeklärt. Uns ist bekannt, dass im Falle der Gütertrennung bei der Beendigung der Ehe (etwa durch Ehescheidung) der beiderseitige Zugewinn nicht ausgeglichen wird und jeder Ehegatte ohne Einschränkung über sein Vermögen ohne Zustimmung des anderen Ehegatten verfügen kann.

(3) Wir wurden von dem Notar darauf hingewiesen, dass der Zugewinnausgleich für den Fall der Ehescheidung und die gesetzlichen Verfügungsbeschränkungen auch unter Beibehaltung des gesetzlichen Güterstandes im Übrigen ausgeschlossen werden können. Durch die Vereinbarung der Gütertrennung erhöht sich das gesetzliche

Erb- und Pflichtteilsrecht der Kinder oder Eltern regelmäßig. Bei der Gütertrennung wird keine erbschaftsteuerliche Begünstigung nach § 5 ErbStG[1] gewährt.

(3) Die Vereinbarung soll nicht in das Güterrechtsregister eingetragen werden.

(4) Von den antiken Möbeln und Bildern, die sich in der gemeinsamen Wohnung in _____ befinden, stehen dem Erschienenen zu 1.) die in Anlage 1 zu dieser Urkunde aufgelisteten Gegenstände und der Erschienenen zu 2.) die in Anlage 2 zu dieser Urkunde aufgelisteten Gegenstände zu. Diese Eigentumsverhältnisse werden von den Vertragsparteien beiderseits anerkannt und ändern sich durch die Eheschließung nicht.

§ 2 Versorgungsausgleich

(1) Die Vertragsparteien wurden von dem Notar über das Recht des Versorgungsausgleichs aufgeklärt, der im Fall der Scheidung der Ehe güterstandsunabhängig durchzuführen ist.

(2) Die Vertragsparteien vereinbaren danach Folgendes:

Der Versorgungsausgleich wird ausgeschlossen. Die Vertragsparteien wurden von dem Notar darauf hingewiesen, dass dieser Verzicht unwirksam wird, falls innerhalb eines Jahres ab Eheschließung[2] ein Scheidungsantrag gestellt wird. In diesem Fall soll die Vereinbarung als so genannte Parteivereinbarung nach § 1587 o BGB Gültigkeit behalten. Eine solche Parteivereinbarung bedarf allerdings der Genehmigung des Familiengerichts. Sollte der Ausschluss des Versorgungsausgleichs unwirksam sein bzw. werden oder nicht genehmigt werden, dann soll dies auf die Wirksamkeit der weiteren Bestimmungen dieses Vertrages keine Auswirkungen haben.

§ 3 Nachehelicher Unterhalt

(1) Die Vertragsparteien wurden von dem Notar über das Recht des nachehelichen Unterhalts aufgeklärt sowie auf die Auswirkungen der nachstehenden Vereinbarungen.

(2) Die Vertragsparteien treffen danach die folgende Vereinbarung:

Wir verzichten gegenseitig auf jedweden nachehelichen Unterhalt, auch für den Fall der Not. Ergänzend erklären die Parteien, dass nicht zu erwarten steht, dass einer von uns künftig der Sozialhilfe anheim fällt.

§ 5 Erb- und Pflichtteilsverzicht

(1) Die Vertragsparteien wurden von dem Notar auf das gesetzliche Erb- und Pflichtteilsrecht hingewiesen.

(2) Daraufhin vereinbaren die Parteien Folgendes:

Wir verzichten gegenseitig auf das uns beim Tod des anderen Ehegatten zustehende gesetzliche Erb- und Pflichtteilsrecht. Der Notar hat uns darüber aufgeklärt, dass

---

1   Wird die Zugewinngemeinschaft durch den Tod eines Ehegatten beendet und der Zugewinn nicht nach § 1371 Absatz 2 BGB ausgeglichen (vgl. Seite 22 f.), dann ist der Betrag, den der überlebende Ehegatte nach Maßgabe des § 1371 Absatz 2 des BGB als Ausgleichsforderung geltend machen könnte, nach § 5 ErbStG nicht zu versteuern.

2   Wurde der Ehevertrag nach der Eheschließung abgeschlossen, dann beginnt die Jahresfrist mit dem Vertragsabschluss. ⟶

sich durch diesen Verzicht der Pflichtteil der weiteren Pflichtteilsberechtigten (z.B. Kinder) erhöht. Soll ein Ehegatte nach dem Tod des anderen begünstigt werden, so bedarf es hierfür einer letztwilligen Verfügung.

§ 6 Schlussbestimmungen

(1) Sollten einzelne Bestimmungen dieser Urkunde unwirksam sein oder werden, so berührt dies die Wirksamkeit der weiteren Bestimmungen der Urkunde nicht.

(2) Von dieser Urkunde erhalten wir jeweils eine Ausfertigung. Den Geburtsstandesämtern sind Mitteilungskarten zu übersenden.

(3) Die Kosten der Errichtung und Ausfertigung dieser Urkunde tragen wir gemeinsam.

[Ort, Datum, Unterschriften]

Ein verheiratetes Paar mit Kindern beabsichtigt die Scheidung

Mit Hilfe einer Scheidungsfolgenvereinbarung kann die spätere Ehescheidung sehr vereinfacht und beschleunigt werden. Außerdem können dadurch im Scheidungsverfahren Kosten gespart werden, weil dann vor dem Familiengericht der Scheidungsprozess gegebenenfalls mit nur einem Rechtsanwalt bzw. einer Rechtsanwältin durchgeführt werden kann. Hierfür muss allerdings die Scheidungsfolgenvereinbarung notariell beglaubigt werden. Dann kann der Rechtsanwalt die Scheidungsfolgenvereinbarung zusammen mit dem Scheidungsantrag beim Familiengericht einreichen.

Scheidungsfolgenvereinbarung

zwischen

Herrn _____,
geboren am _____ in _____,
wohnhaft in _____
vertreten durch Herrn Rechtsanwalt _____,

und

Frau _____,
geboren am _____ in _____,
wohnhaft in _____
vertreten durch Frau Rechtsanwältin _____,

nach Angabe im gesetzlichen Güterstand der Zugewinngemeinschaft verheiratet.

§ 1 Vorbemerkung

Wir haben unsere Ehe am _____ vor dem Standesbeamten in _____ geschlossen. Ein Ehevertrag besteht bisher zwischen uns nicht. Wir leben seit dem _____ getrennt und beabsichtigen, uns scheiden zu lassen.

Aus unserer Ehe sind zwei Kinder hervorgegangen namens

_____, geboren am _____, und

_____, geboren am _____.

⟶

§ 2 Güterstand, Zugewinnausgleich

1) Für die weitere Dauer unserer Ehe vereinbaren wir mit sofortiger Wirkung als Güterstand die Gütertrennung.

2) Der Notar hat uns über die rechtlichen Wirkungen dieses Güterstandes – auch in erbrechtlicher Hinsicht – belehrt, insbesondere über den Ausschluss des Zugewinnausgleichs sowie den Wegfall von Verfügungsbeschränkungen. Die Vereinbarung der Gütertrennung gilt auch für den Fall, dass die Scheidung unserer Ehe – gleich aus welchem Grund – nicht erfolgt.

3) Wir verzichten gegenseitig auf den Ausgleich eines bisher etwa entstandenen Zugewinns und nehmen diesen Verzicht hiermit gegenseitig an.

4) Die Gütertrennung soll derzeit nicht in das Güterrechtsregister eingetragen werden. Jeder Ehegatte soll jedoch berechtigt sein, den Eintragungsantrag jederzeit allein zu stellen.

§ 3 Ehewohnung, Hausrat, Schenkungen

1) Die bisherige Ehewohnung soll weiterhin von der Ehefrau allein genutzt werden. Der Ehemann ist bereits aus der Wohnung ausgezogen und wurde vom Vermieter aus dem Mietvertrag entlassen.

2) Der Hausrat wurde bereits einvernehmlich zwischen uns geteilt. Jeder Ehegatte übernimmt diejenigen Hausratsgegenstände zum Alleineigentum, die er zurzeit im Besitz hat.

3) Die beiden Pkws der Ehegatten wurden bereits zum jeweiligen Alleineigentum übernommen. Die dazugehörigen Kfz-Briefe befinden sich schon im Besitz des jeweiligen Eigentümers.

4) Zwischen den Ehegatten besteht Einigkeit darüber, dass keine gegenseitigen Ansprüche auf Rückgabe bzw. Rückerstattung von Schenkungen oder sonstigen Zuwendungen bestehen, unabhängig davon, auf welchem Rechtsgrund ein solcher Anspruch beruhen könnte und ob dieser bei Abschluss dieser Vereinbarung bekannt war oder nicht.

§ 4 Nachehelicher Ehegattenunterhalt

1) Der Ehemann verpflichtet sich, für die Zeit ab Rechtskraft der Scheidung an die geschiedene Ehefrau unter Zugrundelegung der gesetzlichen Vorschriften auf der Basis der so genannten Düsseldorfer Tabelle[1] in der jeweils geltenden Fassung einen monatlichen Ehegattenunterhalt in Höhe von derzeit _____ Euro zu zahlen. Dieser Unterhaltsbetrag setzt sich zusammen aus dem Elementarunterhalt[2] in Höhe von _____ Euro und dem Vorsorgeunterhalt in Höhe von _____ Euro. Die Unterhaltszahlung ist jeweils fällig im Voraus bis zum Ersten eines jeden Monats.

---

[1] Die Düsseldorfer Tabelle ist eine Unterhaltstabelle, die zwar am Oberlandesgericht Düsseldorf entwickelt wurde, aber dennoch in vielen anderen Bundesländern als Orientierungshilfe für die Unterhaltsberechnung herangezogen wird.

[2] Als Elementarunterhalt bezeichnet man den Unterhalt ohne den Altersvorsorge-, Krankenvorsorge- sowie den Pflegevorsorgeunterhalt. Die letztgenannten drei Bestandteile des Unterhalts nennt man auch Vorsorgeunterhalt. Elementarunterhalt und Vorsorgeunterhalt ergeben zusammen den Gesamtunterhalt.

2) Der Unterhalt wird wegen Kindesbetreuung gemäß § 1570 BGB gezahlt.

3) Der Unterhaltsbemessung liegen die folgenden Bemessungsgrundlagen[3] zugrunde: ▭

4) Der Ehemann unterwirft sich hinsichtlich seiner Zahlungsverpflichtung der sofortigen Zwangsvollstreckung aus dieser Urkunde in sein gesamtes Vermögen.

5) Diese Unterhaltsregelung ist gemäß § 323 ZPO abänderbar.

§ 5 Versorgungsausgleich

Der Versorgungsausgleich soll durchgeführt werden, weil die Ehefrau während der Ehezeit Kinder erzogen hat und deshalb ihren Beruf nicht ausüben konnte.

§ 6 Kindesunterhalt

1) Der Ehemann verpflichtet sich, für die beiden Kinder ▭ (zum jetzigen Zeitpunkt fünf Jahre alt) und ▭ (zum jetzigen Zeitpunkt neun Jahre alt) zu Händen der Ehefrau monatlich den gesetzlichen Unterhalt zu zahlen, der sich auf 170 Prozent[4] des Regelbetrags des § 1 der Regelbetragverordnung nach der jeweiligen Altersstufe beläuft. Der Kindesunterhalt ist zum Ersten eines jeden Monats im Voraus zu entrichten.

2) Der Berechnung des Kindesunterhalts liegen folgende Bemessungsgrundlagen zugrunde: ▭ .

3) Das Kindergeld wird derzeit an die Ehefrau ausgezahlt, da die Kinder sich in ihrer Obhut befinden. Dieses Kindergeld ist auf die Unterhaltspflicht des Ehemanns zur Hälfte anzurechnen, da er mehr als 135 Prozent des Regelbetrags nach der Regelbetragverordnung abzüglich des hälftigen Kindergeldes zahlt. Demzufolge ergibt sich zurzeit ein monatlicher Zahlbetrag

- für ▭ von ▭ Euro abzüglich ▭ Euro = ▭ Euro
- für ▭ von ▭ Euro abzüglich ▭ Euro = ▭ Euro.

4) Der Ehemann unterwirft sich gegenüber den Kindern wegen der Unterhaltszahlung der sofortigen Zwangsvollstreckung[5] aus dieser Urkunde in sein gesamtes Vermögen.

---

3 Als Bemessungsgrundlage gilt unter anderem das Bruttoeinkommen aus selbstständiger oder unselbstständiger Erwerbstätigkeit sowie aus Kapital und andere Einkünfte (z.B. aus Vermietung oder Verpachtung) unter Berücksichtigung der abzugsfähigen Ausgaben (z.B. Arbeitsmittel und Fortbildungskosten).

4 Das bedeutet, dass die Ehefrau bei ihrem ehemaligen Gatten sofort pfänden lassen kann, wenn er nicht zahlt, weil es sich bei der Vereinbarung gleichzeitig um einen Vollstreckungstitel handelt.

5 Die 170 Prozent ergeben sich aufgrund des beispielhaft angenommenen Einkommens des Ehemannes (= Einkommensgruppe 10) und können in der Düsseldorfer Tabelle nachgelesen werden.

§ 7 Elterliche Sorge

1) Die Ehegatten sind sich darüber einig, dass Anträge zur Übertragung der elterlichen Sorge oder eines Teils der elterlichen Sorge für die Kinder auf einen Elternteil sowie zur Regelung des Umgangs der Eltern mit den Kindern nicht gestellt werden sollen, weil sie sich über das Fortbestehen der elterlichen Sorge und über den Umgang einig sind.

2) Die gemeinsame elterliche Sorge soll dergestalt ausgeübt werden, dass die Kinder sich in der Obhut der Mutter befinden, die somit auch die alltäglichen Angelegenheiten der Kinder allein entscheidet.

3) Die Ehegatten sind sich darüber einig, dass der Vater ein großzügiges Umgangsrecht unter Berücksichtigung der Interessen der Kinder wahrnehmen kann. Konkrete Umgangszeiten sollen hier nicht festgelegt werden. Die Kinder sollen vielmehr sowohl unter der Woche als auch für längere Zeit am Wochenende sowie während der Ferien beim Vater sein können. Die Erschienen wurden darüber aufgeklärt, dass eine derartige Regelung für das Familiengericht nicht bindend ist. Sie stimmen jedoch darüber ein, dass sie eine derartige Regelung anstreben wollen.

§ 8 Erb- und Pflichtteilsverzicht

Die Ehegatten verzichten hiermit gegenseitig auf ihr Erb- und Pflichtteilsrecht. Eine eingehende Belehrung über das Wesen dieses Verzichts ist zuvor erfolgt. Der Pflichtteilsverzicht beinhaltet ausdrücklich keinen Verzicht auf nachehelichen Unterhalt gemäß § 1586 b BGB und § 1933 Satz 3 BGB für den Fall des Vorversterbens des unterhaltspflichtigen Ehegatten.[6]

§ 9 Schlussbestimmungen

1) Die Vertragsparteien sind sich darüber einig, dass durch diese Vereinbarung nach Vollzug und Durchführung der enthaltenen Bestimmungen keinerlei gegenseitige Ansprüche – gleich welcher Art – mehr zwischen ihnen bestehen, mit Ausnahme des Versorgungsausgleichs. Dabei ist es gleich, aus welchem Rechtsgrund etwaige Ansprüche hergeleitet werden könnten. Dies gilt unabhängig davon, ob diese bei Abschluss dieser Vereinbarung bekannt gewesen sind oder nicht.

2) Sollten einzelne Bestimmungen dieses Vertrages unwirksam sein oder unanwendbar werden oder sollte sich im Vertrag eine Regelungslücke zeigen, dann wird hierdurch die Wirksamkeit der übrigen Bestimmungen nicht berührt.

3) In diesem Fall sind die Vertragsparteien verpflichtet, eine ersetzende Bestimmung zu vereinbaren, die dem wirtschaftlichen Sinn der unwirksamen Bestimmung im Gesamtzusammenhang der getroffenen Regelung in rechtlich zulässiger Weise am nächsten kommt, oder eine neue Bestimmung zu treffen, welche die Regelungslücke des Vertrags so schließt, als hätten sie diesen Punkt von vornherein bedacht.

---

6 Die §§ 1586 b und 1933 Satz 3 BGB verpflichten die Erben des Unterhaltspflichtigen, die Unterhaltszahlungen fortzusetzen (vgl. Seite 36).

4) Die Ehegatten nehmen die in dieser Urkunde abgegebenen Verpflichtungen und Verzichtserklärungen gegenseitig an.

5) Die Kosten dieser Vereinbarung tragen die Vertragsparteien jeweils zur Hälfte.

[Ort, Datum, Unterschriften]

Vertragliche Regelungen für nicht verheiratete Paare

Es gibt sicher viele gute Gründe, mit dem Partner bzw. der Partnerin keine Ehe einzugehen, sondern ohne »staatlichen Segen« miteinander zu leben. Wer allerdings glaubt, in einer Lebensgemeinschaft ohne Trauschein frei von rechtlichen Zwängen zu leben, der irrt gewaltig. Auch wenn die gesetzlichen Bestimmungen des Eherechts hier keine Anwendung finden, so entstehen dennoch zwischen den nicht miteinander verheirateten Partnern Rechtsbeziehungen, die spätestens bei einer Trennung zu ganz erheblichen Problemen führen können.

Was lässt sich sinnvoll regeln?

Wirtschaftlich schwächerer Partner ist benachteiligt

Vor allem der wirtschaftlich schwächere Partner einer solchen nicht ehelichen Lebensgemeinschaft trägt das Risiko, im Falle einer Trennung ohne jeglichen Unterhaltsanspruch gegen den anderen sowie ohne Anspruch auf einen Ausgleich von Rentenanwartschaften plötzlich vor dem finanziellen Nichts zu stehen. Deshalb sollten sich nicht miteinander verheiratete Partner möglichst rechtzeitig darüber Gedanken machen, welche Vereinbarungen für ihre Form des Zusammenlebens sinnvoll sein könnten. Faire Regelungen zwischen nicht verheirateten Lebenspartnern stellen sicher, dass die jeweiligen Belange des anderen Partners in Krisenzeiten oder im Fall der Trennung respektiert und geschützt werden. Auch das ist eine Form, einander seine Liebe zu beweisen.

Homosexuelle Paare

Das im ersten Absatz und im Folgenden Gesagte gilt natürlich entsprechend ebenso für homosexuelle Paare, sofern sie keine Eingetragene Lebenspartnerschaft eingehen wollen. Welche Rechte und Pflichten sich dagegen für sie ergeben, wenn sie sich für eine Eingetragene Lebenspartnerschaft entscheiden, wird im letzten Kapitel dieses Ratgebers behandelt (vgl. Seite 111 ff.). Ohne diese Eintragung stehen ihnen dieselben Möglichkeiten wie heterosexuellen

Paaren offen, um sich im Zusammenleben für den Fall der Trennung abzusichern oder Regelungen für den Fall des Todes eines Partners zu treffen. In den Vertragsmustern und Vollmachten wird dies nicht explizit ausgeführt. Die Übertragbarkeit lässt sich aber durch geringfügige Anpassungen in den Formulierungen leicht herstellen (statt: »Derzeit beabsichtigen wir, weder einander zu heiraten noch gemeinsame Kinder zu haben«, müsste es heißen: »Derzeit beabsichtigen wir nicht, eine Eingetragene Lebenspartnerschaft einzugehen« und so weiter).

Natürlich wird sich jedes Paar Gedanken über bestimmte Modalitäten seines Zusammenlebens machen. Ein klassischer Anlass ist das Zusammenziehen, denn dieser Schritt bringt eine gewisse Verbindlichkeit und Verpflichtungen mit sich und setzt damit voraus, dass man sich aufeinander verlassen kann. Aber auch ohne gemeinsamen Wohnsitz erreicht die Verbindung zwischen zwei Menschen mitunter einen Grad von Verbindlichkeit und Abhängigkeit – gleichgültig, ob wechselseitig oder einseitig –, der entsprechende verbindliche Vereinbarungen sinnvoll erscheinen lässt. Dies gilt insbesondere, wenn beispielsweise einer der beiden wegen eines gemeinsamen Kindes seinen Beruf vorübergehend oder ganz aufgibt oder wenn beide gemeinsam eine Firma gründen.

Wie wichtig ein Partnerschaftsvertrag sein kann, zeigt ein Vergleich mit den Rechten und Pflichten bei verheirateten Partnern: Häufig müssen Paare ohne Trauschein auf deren Privilegien verzichten, obwohl sie in vielen Fällen dieselben Pflichten wie Verheiratete haben. Beispielsweise werden nicht miteinander verheiratete Partner überall dort mit verheirateten Paaren gleichgestellt, wo Ehepaare bei staatlichen Leistungen gegenüber Einzelpersonen benachteiligt werden. Das gilt z.B. für die Feststellung der Bedürftigkeit im Rahmen der Hilfe zum Lebensunterhalt (Sozialhilfe) oder für die Grundsicherung bei Arbeitslosigkeit oder Erwerbsunfähigkeit bzw. für ältere Personen. Hier werden Lebenspartner und eheähnliche Paare wie Ehegatten behandelt, das heißt, ihr Einkommen und Vermögen wird bei der Prüfung der Hilfebedürftigkeit des Antragstellers mitberücksichtigt und zwar unabhängig davon, ob er von seinem Partner tatsächlich Unterstützungsleistungen erhält oder nicht. Die gravierendsten finanziellen Nachteile verteilen sich auf folgende Bereiche:

Paaren ohne Trauschein werden Privilegien von Verheirateten vorenthalten

Einkommensteuer

→ Nicht miteinander verheiratete Lebenspartner werden steuerlich wie Einzelpersonen behandelt.

Erbschaft

→ Stirbt ein Partner, ohne ein Testament zu hinterlassen, erbt der andere nichts und hat noch nicht einmal einen Anspruch auf den so genannten Pflichtteil.

→ Stirbt ein Partner und setzt den anderen testamentarisch als Erbe ein, steht diesem lediglich der niedrigste Freibetrag bei der Erbschaftsteuer zu.

Rentenansprüche

→ Nicht miteinander verheiratete Partner haben keinen Anteil an der staatlichen oder betrieblichen Altersversorgung des verstorbenen Partners.

Unterhalt

→ Nach einer Trennung bestehen gegeneinander keine Ansprüche auf Unterhalt, Zugewinn- oder Versorgungsausgleich. Falls ein Partner für die Haushaltsführung und Kinderbetreuung seinen Beruf aufgegeben haben sollte, ist der fortan allein erziehende Elternteil ohne entsprechende vertragliche Vereinbarung sozial überhaupt nicht abgesichert.

Hausrat

→ Eine analoge Anwendung der Vorschriften der Hausratsverordnung zur Aufteilung des Hausrats der Lebenspartner ist nicht zulässig.

Wie der Vergleich von nicht ehelichen und ehelichen Partnerschaften zeigt, kann ein Partnerschaftsvertrag mit individuell angemessenen Vereinbarungen durchaus sinnvoll sein. Außerdem sollten die Partner rechtzeitig letztwillige Verfügungen füreinander treffen und sich darüber klar werden, in welcher Weise sie sich gegebenenfalls im Alter und bei Krankheit wechselseitig unterstützen wollen. Wichtige Stichworte in diesem Zusammenhang sind Vorsorge- und Patientenverfügungen sowie Vollmachten.

> **Tipp**
>
> Ausführliche Informationen zu »Patientenverfügung, Vorsorgevollmacht und Betreuungsverfügung« bietet der gleichnamige Ratgeber (96 Seiten, 5,90 Euro), den Sie bei allen Verbraucherzentralen erhalten (vgl. Seite 141).

Ein Partnerschaftsvertrag kann grundsätzlich formlos verfasst werden und ist ohne notarielle Beurkundung gültig. Etwas anderes gilt allerdings, wenn beurkundungsbedürftige Rechtsgeschäfte wie die Übertragung einer Immobilie oder erbrechtliche Fragen darin geregelt werden. Inhaltlich enthält ein solcher Vertrag zum Teil ganz lebenspraktische und alltägliche Dinge, die die Partner ohnehin regeln müssen. Darüber hinaus sollten in dem Vertrag aber auch Punkte angesprochen werden, die in der Zukunft eintreten können oder werden, wie z.B. gemeinsame Kinder, Trennung, Krankheit oder Tod eines Partners. Vieles hängt von den Umständen ab, von den Wünschen und Notwendigkeiten, die das Leben der Partner bestimmen, ob man sich etwa ein Auto teilt oder jeder eins für sich benötigt, ob der eine selbstständig und der andere abhängig beschäftigt ist, ob man von einem gemeinsamen Häuschen am Stadtrand oder einer Ferienwohnung im Elsass träumt oder was auch immer. Die folgende Checkliste ist daher vor allem als Denkanstoß gedacht und soll weder eine vollständige noch eine zwingend zu beachtende Aufzählung darstellen.

Checkliste

- Wie werden die Kosten einer gemeinsamen Wohnung und anderer gemeinsam genutzter Sachen (z.B. Pkw) sowie der Haushaltsführung geteilt?
- Wer erwirbt das Eigentum an gemeinsam gekauften Hausrats- und Einrichtungsgegenständen im Fall der Trennung und wer erhält eine Ausgleichszahlung?
- Wenn Sie in einer Mietwohnung leben wollen, sollte bestimmt werden, welcher Partner bzw. ob beide Partner Mieter werden und den Mietvertrag unterschreiben sollen, welche Rechte dem anderen im Falle einer Trennung zustehen, wer die Kaution bekommt, wer für Nachforderungen des Vermieters sowie für Schönheitsreparaturen verantwortlich sein soll.
- Wem gehört gegebenenfalls zu welchen Anteilen eine Eigentumswohnung oder ein Eigenheim? Wer muss im Fall einer Trennung ausziehen? Oder soll die Immobilie dann verkauft werden?
- Welcher Ausgleich wäre gegebenenfalls für finanzielle Beteiligungen oder Arbeitsleistungen zum Hausbau bzw. -kauf nach Beendigung der Partnerschaft von welchem Partner zu zahlen?
- Versorgt ein Partner allein oder überwiegend den Haushalt und die Kinder, während der andere erwerbstätig ist, sollte der haushaltsführende Partner eine Vergütung von dem anderen für seine Tätigkeit erhalten.

> ⇢ Gegebenenfalls ist für den wirtschaftlich schwächeren Partner eine Unterhaltsregelung (nach Art, Höhe und Dauer) für den Fall der Trennung festzulegen.
>
> ⇢ Soll der erwerbstätige für den haushaltsführenden Partner Sozialversicherungsbeiträge zahlen oder für diesen in eine private Lebens- bzw. Rentenversicherung einzahlen? In diesem Fall wäre zu regeln, dass die Versicherungssumme unmittelbar an den begünstigten Partner ausgezahlt wird.
>
> ⇢ Welche Versorgung soll dem jeweiligen Partner bei Krankheit oder Schwangerschaft von dem anderen gewährt und wie sollen Dienst- und Pflegeleistungen nach der Trennung ausgeglichen werden?
>
> ⇢ Arbeitet ein Partner in dem Betrieb oder Geschäft des anderen mit, sollte für den Fall der Trennung ein Ausgleich vorgesehen werden. Wichtig bei einer gemeinsamen Firmengründung: Was wird bei einer Trennung aus diesem Unternehmen?
>
> ⇢ Wer soll nach der Trennung für gemeinsame Schulden aufkommen?
>
> ⇢ Verfügungen für den Fall des Todes (Testament, Vermächtnis, Erbvertrag) sind genau zu bestimmen – möglicherweise mit Angabe, wo sie hinterlegt sind.
>
> ⇢ Schließlich sollten die Voraussetzungen geregelt werden, unter denen die vertraglichen Vereinbarungen wieder aufgehoben werden können.
>
> *Beachten Sie bitte:* Unzulässige rentenversicherungsrechtliche Abreden, wie beispielsweise die Abtretung von gesetzlichen Rentenansprüchen, sind unwirksam!

Vergütung für Hausarbeit

Da ein Partner einer nicht ehelichen Lebensgemeinschaft gegen den anderen in der Regel keinen gesetzlichen Unterhaltsanspruch hat, kann er grundsätzlich auch keine Vergütung für die Hausarbeit oder ein Taschengeld von ihm beanspruchen. Gerade in Partnerschaften, in denen sich ein Partner mehrere Jahre ausschließlich um den Haushalt und die Kinderbetreuung kümmert, wäre eine solche Situation höchst unbefriedigend. Daher sollten die Partner in einem Partnerschaftsvertrag (vgl. Seite 98 ff.) möglichst eine Vereinbarung darüber treffen, welchen Geldbetrag der haushaltsführende Teil für seine Tätigkeit erhalten soll. Dabei kann gleichzeitig eine Ausgleichssumme für den Fall einer Trennung bestimmt werden.

Formlose Zahlungsvereinbarung

Nicht miteinander verheiratete Lebenspartner können formlos eine Vereinbarung treffen, wonach dem einen Partner für den Fall der Trennung zur finanziellen Absicherung ein bestimmter Geldbetrag zu zahlen ist. Die Formvorschriften für das eheliche Güterrecht (notarielle Beurkundung) gelten hier nicht.

Urteil des Oberlandesgerichts Köln vom 22. 11. 2000 – Aktenzeichen 11 U 84/00

Elterliche Sorge

Nach dem geltenden Kindschaftsrecht steht auch nicht miteinander verheirateten Eltern die elterliche Sorge für ihr Kind gemeinsam zu. Hierfür müssen sie übereinstimmend eine so genannte Sorgeerklärung abgeben (§ 1626 a Absatz 1 Nr. 1 BGB). Diese Sorgeerklärung muss öffentlich entweder durch einen Notar oder durch das Jugendamt beurkundet werden. Das kann schon vor der Geburt des Kindes geschehen (§ 1626 b Absatz 2 BGB) und ermöglicht nicht miteinander verheirateten Eltern, die elterliche Sorge ebenso gemeinsam auszuüben wie Eheleute. Ohne eine derartige Erklärung hat die Kindesmutter die alleinige elterliche Sorge (§ 1626 a Absatz 2 BGB).

Grundsätzlich bleibt die gemeinsame elterliche Sorge bestehen, wenn die Eltern sich trennen. Gemäß § 1671 BGB kann dann ein Elternteil beim Familiengericht die Übertragung der alleinigen Sorge für das Kind beantragen. Voraussetzung hierfür ist, dass

- der andere Elternteil zustimmt oder
- die Aufhebung der gemeinsamen Sorge und Übertragung auf den Antragsteller dem Wohl des Kindes nach menschlichem Ermessen am besten entspricht.

> **Sorgerecht bei Heirat der Eltern**
>
> Waren die Eltern eines Kindes zunächst nicht miteinander verheiratet und hatte die Mutter ein unbeschränktes alleiniges Sorgerecht, dann üben nach der Eheschließung beide Elternteile ein gemeinsames unbeschränktes Sorgerecht aus. War der Mutter dagegen das Sorgerecht vor der Heirat teilweise entzogen, kann das Familiengericht die elterliche Sorge dem Vater in vollem Umfang übertragen, sofern dieses dem Kindeswohl entspricht.
>
> *Beschluss des Oberlandesgerichts Nürnberg vom 29. 2. 2000 – Aktenzeichen 11 UF 244/00*

Wenn die Kindesmutter bisher die alleinige Sorge für das Kind ausgeübt hat und beide Eltern nicht zusammenleben, kann der Kindesvater mit Zustimmung der Mutter beim Familiengericht eine Übertragung der elterlichen Sorge auf sich allein beantragen (§ 1672 Absatz 1 BGB). Das Gericht gibt diesem Antrag statt, sofern die Übertragung dem Kindeswohl dient. Hat das Kind das 14. Lebensjahr vollendet, kann es der Übertragung der elterlichen Sorge auf den einen Elternteil widersprechen.

Hausrat und gemeinsame Anschaffungen

Alle Sachen, die Sie während Ihrer Partnerschaft allein erworben haben, gehören Ihnen und dürfen bei der Trennung von Ihnen mitgenommen werden. Manchmal gibt es aber Streit darüber, wem welche Gegenstände gehören. Heben Sie deshalb, vor allem bei wertvolleren Dingen (z.B. Laptop, Musikanlage), Kaufbelege und Quittungen auf. So können Sie in einem etwaigen Prozess beweisen, dass Sie die Sachen bezahlt haben.

Besonders häufig gibt es Streit, wenn beide einen Gegenstand behalten wollen, der gemeinsam gekauft oder auch finanziert wurde (z.B. als Ratenkauf). In der Regel sind nach der Rechtsprechung Leistungen, die während des Zusammenlebens erbracht wurden, nicht rückforderbar. Das heißt, Sie können beispielsweise Kreditraten, die Sie für eine Sache bezahlt haben, die aber laut Kaufvertrag Ihrem Partner gehört, später grundsätzlich nicht zurückverlangen. Das gilt sogar dann, wenn Sie den Gegenstand während des Zusammenlebens selbst nie genutzt haben. Eine Ausnahme soll nach der Rechtsprechung allenfalls dann gelten, wenn nachgewiesen werden kann, dass die Partner einen Ausgleich wollen.

Rückzahlungsanspruch gegen den Partner

Lediglich die Raten, die Sie nach der Trennung weitergezahlt haben (etwa weil Sie hierzu laut Kreditvertrag verpflichtet waren), können Sie von Ihrem Ex-Partner einfordern. Einen Rückzahlungsanspruch haben Sie auch, wenn Sie Ihrem Partner bzw. Ihrer Partnerin für eine Anschaffung lediglich ein Darlehen gewährt haben. Da Sie dies im Streitfall jedoch beweisen müssen, sollten Sie eine solche Vereinbarung stets schriftlich treffen. Andernfalls kann er oder sie alles abstreiten, und Sie sehen Ihr Geld nie wieder.

Schriftliche Vereinbarung ist sinnvoll

In der Praxis hat es sich bewährt, beim Kauf eines wertvollen Gegenstandes, etwa eines Motorrads, gleich schriftlich mit dem Partner zu vereinbaren, wer die Sache im Falle einer Trennung behalten darf und dass der Anteil, den der eine zum Kaufpreis beigesteuert hat, von dem anderen entsprechend dem Zeitwert zum Zeitpunkt der Trennung zu erstatten ist. Sollten Sie nicht rechtzeitig eine derartige Vereinbarung getroffen haben und es während der Trennung zum Streit über die Höhe der Ausgleichszahlung kommen, verkauft man die Sache am besten und teilt den Verkaufserlös untereinander. In dieser Art und Weise würde auch ein Gericht seine Entscheidung fällen. Um solchen Schwierigkeiten von vornherein aus dem Weg zu gehen, ist es ratsam, für wertvolle Gegenstände, die Sie gemeinsam finanziert haben, eine schriftliche Teilungsvereinbarung festzulegen.

> **Kein Ersatz von Aufwendungen während der Lebensgemeinschaft**
>
> Leistungen, die Partner einer nicht ehelichen Lebensgemeinschaft wechselseitig erbringen, sind grundsätzlich nicht auszugleichen oder zu erstatten, sofern das Paar keine besondere Regelung getroffen hat. Anlass für diese Entscheidung war ein Fall, bei dem ein Lebenspartner Material und Arbeitskraft (hier im Wert von 160.000 DM) in ein Hausgrundstück investiert hatte, das seiner damaligen Lebensgefährtin gehörte.
>
> *Beschluss des Oberlandesgerichts Braunschweig vom 30. 4. 1998 – Aktenzeichen 7 W 9/98*

Teilungsvereinbarung

Hierbei handelt es sich um eine Vereinbarung zwischen nicht miteinander verheirateten Partnern, welche Gegenstände ihres Hausstandes beiden zusammen gehören. Gleichzeitig wird in einer solchen Vereinbarung festgelegt, welcher Partner welchen Gegenstand im Falle einer Trennung übernimmt und welchen Ausgleich der andere Partner dafür erhält. Punkt 3 des folgenden Vertragsmusters (vgl. Seite 94) könnte auch einen Ausgleichsbetrag nennen, entweder eine bestimmte Summe oder einen bestimmten Prozentsatz des Zeitwerts der dem anderen überlassenen Gegenstände.

Schulden

Für Schulden, die ein Partner allein aufgenommen hat, muss er bei einer Trennung auch selbst aufkommen. Bei einem gemeinsam aufgenommenen Kredit haften grundsätzlich beide Partner als Gesamtschuldner. Wer nach der Trennung zahlen muss, hängt davon ab, was von den Partnern untereinander vereinbart wurde. Wurde keine Vereinbarung getroffen und zahlt der eine Partner nach der Trennung plötzlich nicht mehr die Raten, nehmen die Gläubiger Rückgriff auf den anderen Partner. Dieser muss dann versuchen, die Hälfte von dem Ex-Partner zurückzubekommen, was oftmals leider nicht gelingt.

Maßgebend ist, wer Schuldner ist

Vertragliche Regelungen für nicht verheiratete Paare

> **Teilungsvereinbarung**
>
> Nachfolgend wird zwischen _____ und _____ für den Fall der Beendigung der Partnerschaft vereinbart:
>
> 1. Die im Folgenden aufgeführten Gegenstände stehen im gemeinsamen Eigentum beider Partner:
> a) _____
> b) _____
> c) _____
> d) _____
> e) _____
> f) _____
>
> 2. Im Falle einer Trennung erhält _____ hiervon die nachfolgend aufgeführten Gegenstände zum alleinigen Eigentum:
> a) _____
> b) _____
> c) _____
>
> 3. Im Gegenzug erhält _____ folgende Gegenstände übereignet:
> a) _____
> b) _____
> c) _____
>
> [Ort, Datum, Unterschriften]

Gemeinsame Wohnung

Mietwohnung

Vereinbarung mit Vermieter anstreben

Sind beide Partner laut Mietvertrag Mieter der Wohnung, dann bleiben auch beide dem Vermieter gegenüber grundsätzlich zur Mietzahlung verpflichtet, wenn einer auszieht. Deshalb sollten die Partner gleich bei Abschluss des Mietvertrages mit dem Vermieter schriftlich vereinbaren, dass im Falle einer Trennung der ausziehende Partner aus dem Mietverhältnis entlassen wird und der Vertrag ausschließlich mit demjenigen fortgesetzt wird, der weiterhin in der Wohnung lebt.

Unterschreibt nur einer der Partner den Mietvertrag, kann er den anderen bei Beendigung der Beziehung aus der Wohnung weisen. Wer den Mietvertrag nicht mit unterschreibt, hat keinerlei Mieterschutzrechte. Wenn Sie zu Ihrem Partner in dessen Mietwohnung einziehen, genießen Sie nur dann Schutzrechte als Mieter, wenn Ihnen der Vermieter schriftlich zusichert, dass Sie gleichwertiger Mieter der Wohnung sind. Stirbt der Lebenspartner allerdings, dann treten Sie automatisch in das Mietverhältnis ein, unabhängig davon, ob Sie den Mietvertrag mit unterschrieben haben oder nicht.

> **Haftung für Mietrückstand des Ex-Partners**
>
> Ist der Vermieter nicht bereit, den aus der Wohnung ausgezogenen Lebenspartner aus dem Mietverhältnis zu entlassen, dann muss dieser auch dafür haften, wenn der in der Wohnung verbliebene ehemalige Partner seinen Verpflichtungen zur Mietzahlung nicht mehr nachkommt.
>
> *Urteil des Oberlandesgerichts Düsseldorf vom 24. 10. 1997 – Aktenzeichen 22 U 43/97*

Besteht keine Möglichkeit, in den Mietvertrag Ihres Partners mit einzusteigen, sollten Sie auf jeden Fall einen Untermietvertrag abschließen. Hierfür muss der Vermieter seine Zustimmung erteilen. In der Regel muss ein Vermieter aber die Aufnahme eines Partners dulden. Er kann dies allenfalls ablehnen, wenn Ihr Zuzug unzumutbar ist, z.B. weil die Wohnung extrem klein ist und dadurch überbelegt wäre. Als Untermieter leeren Wohnraums kann der Partner Ihnen in der Regel nur unter Einhaltung der gesetzlichen Kündigungsfrist kündigen. Sofern ein berechtigtes Interesse vorliegt (was bei einer Trennung wohl anzunehmen ist), besteht für beide Seiten die Möglichkeit, das Untermietverhältnis fristlos zu kündigen.

Vermieter muss Aufnahme des Partners in der Regel dulden

Eigentumswohnung

Sollten Sie ohne einen entsprechenden Vertrag in das Haus oder die Eigentumswohnung Ihres Partners einziehen, wird zwischen Ihnen grundsätzlich kein Mietverhältnis begründet. Im Falle einer Trennung haben Sie deshalb auch keinen Mieterschutz. Aus diesem Grund empfiehlt es sich, schriftlich zu vereinbaren, innerhalb welcher Frist Sie im Falle einer Trennung ausziehen müssen.

Da für nicht miteinander verheiratete Paare keinerlei gesetzliche Regelungen für einen Vermögensausgleich nach Beendigung der Lebensgemeinschaft gelten, sollten Sie – bevor Sie ein Haus bzw. eine Wohnung kaufen oder bauen – die Eigentumsanteile vertraglich festlegen und entsprechend in das Grundbuch eintragen lassen.

Miteigentumsanteile vertraglich festlegen

Wenn Sie Vereinbarungen über das Eigentum an Immobilien im Rahmen eines Partnerschaftsvertrages (vgl. Seite 98 ff.) treffen wollen, muss dieser notariell beurkundet werden. Gleichzeitig sollte in diesem Vertrag bestimmt werden, welcher Ausgleich für finanzielle Beteiligungen oder Arbeitsleistungen zum Hausbau bzw. -kauf nach einer Trennung von welchem Partner zu zahlen ist.

Gemeinsame Firma

Wenn sich die Partner einer nicht ehelichen Lebensgemeinschaft trennen, die gemeinsam eine Firma oder Praxis aufgebaut haben, müssen sie unter Umständen mit erheblichen finanziellen Verlusten rechnen. Sofern zwischen ihnen kein Gesellschaftsvertrag abgeschlossen wurde, könnten die Arbeit, die ein Partner zum Aufbau des Unternehmens geleistet hat, und gegebenenfalls investiertes Geld auf einen Schlag verloren sein. Das gleiche Risiko besteht für den Fall, dass ein Partner stirbt. Deshalb ist es für nicht miteinander verheiratete Lebenspartner dringend geboten, rechtzeitig einen Gesellschaftsvertrag abzuschließen, in dem alle gegenseitigen Ansprüche geregelt sind. Hierfür ist eine kompetente juristische Beratung unverzichtbar.

Gesellschaftsvertrag abschließen

Sind Sie nicht Mitinhaber der Firma, haben sich jedoch in Form von Arbeitsleistungen oder Geld an dem Unternehmen Ihres Partners beteiligt, sollten Sie entweder vertraglich eine angemessene Gewinnbeteiligung oder zumindest eine Abfindungssumme bei einer Beendigung der Partnerschaft vereinbaren. Alternativ wäre an eine Anstellung im Unternehmen oder einen Darlehensvertrag zu denken. Ratsam ist auch ein entsprechendes Testament, falls Ihr Partner sterben sollte. Da Sie kein gesetzlicher Erbe werden können (vgl. Seite 88), könnte es andernfalls mit den Verwandten Ihres Partners Probleme geben. Deshalb sollte er sich vor der Abfassung des Testaments bei einem Rechtsanwalt beraten lassen. Für Sie gilt natürlich umgekehrt dasselbe, weil nicht verheiratete Paare kein gemeinschaftliches Testament verfassen dürfen.

Angemessene Gewinnbeteiligung oder Abfindungssumme vereinbaren

Sollten Sie versäumt haben, frühzeitig einen Gesellschaftsvertrag zu schließen, dürfte im Falle einer Trennung ein Gerichtsverfahren über die gegenseitigen Ansprüche so gut wie sicher sein. In solchen Fällen prüfen die Gerichte in der Regel, ob es zu einem »stillschweigenden« Abschluss eines Gesellschaftsvertrages zwischen Ihnen und Ihrem ehemaligen Partner gekommen ist und wie hoch die Gesellschaftsanteile jedes Einzelnen sind. Dies kann allerdings oftmals zu überraschenden und für einen oder beide Beteiligte großen Verlusten führen.

Checkliste zum Regelungsbedarf bei gemeinsamer Firma

- Wer führt das Unternehmen nach einer Trennung weiter, welcher Partner scheidet gegebenenfalls aus dem Unternehmen aus oder soll das Unternehmen gemeinschaftlich weitergeführt werden? Wer ist bzw. bleibt Mitinhaber des Unternehmens?
- Wer erhält in welcher Höhe eine Abfindung
   a) für die Mitarbeit in dem Unternehmen?
   b) für die in das Unternehmen eingebrachten Sach- und Geldmittel?
- Wer kommt für Schulden auf?
- Soll eine Vertretungsvollmacht erteilt werden?

Welche weiteren Fragen vertraglich zu regeln sind, hängt stets von Ihrem speziellen Einzelfall ab. Hierfür ist eine ausführliche anwaltliche Beratung unerlässlich.

Altersvorsorge

Da nicht miteinander verheiratete Lebenspartner von Gesetzes wegen keinerlei Ausgleichsansprüche gegeneinander haben, müssen sie sich von vornherein selbst um eine ausreichende Altersversorgung kümmern. Auch in diesem Punkt ist der Abschluss eines Partnerschaftsvertrages sinnvoll. Darin kann unter anderem geregelt

Achtung!

Vor einer Übernahme der folgenden Vertragsmuster ohne Einholung von juristischem Rat wird dringend gewarnt, da persönliche Besonderheiten hier nicht berücksichtigt werden können. Jegliche Gewähr für Richtigkeit und Vollständigkeit der folgenden Musterverträge wird von Autorin und Verlag ausgeschlossen.

werden, dass der Partner, der überwiegend die Haushaltsführung und Kindererziehung übernimmt, von dem berufstätigen Partner eine entsprechende Alterssicherung erhält, beispielsweise in Form einer Lebensversicherung oder eines Rentenfonds. Ist Ihr Lebenspartner beruflich selbstständig tätig und unterstützen Sie ihn in seiner Firma, dann sollten Sie auf einem Arbeitsvertrag bestehen. Achten Sie darauf, dass für Sie Sozialversicherungsbeiträge eingezahlt werden.

Partnerschaftsvertrag

zwischen

Herrn _____,
geboren am _____ in _____,
wohnhaft in _____

und

Frau _____,
geboren am _____ in _____,
wohnhaft in _____.

§ 1 Vorbemerkung

(1) Wir beabsichtigen, künftig zusammenzuleben und einen gemeinsamen Haushalt zu führen. Es wird davon ausgegangen, dass unsere Lebensgemeinschaft auf unbestimmte Zeit bestehen wird.

(2) Derzeit beabsichtigen wir, weder einander zu heiraten noch gemeinsame Kinder zu haben. Wir wollen vielmehr beide weiterhin in unseren Berufen tätig sein.

(3) Unter dieser Prämisse werden die nachfolgenden Vereinbarungen zur Regelung einzelner Bereiche unseres Zusammenlebens geschlossen.

§ 2 Vertretung und Vollmachten

(1) Die Vereinbarungen dieses Vertrages regeln lediglich die zwischen uns geltenden Rechte und Pflichten im Rahmen unseres Zusammenlebens und haben keinerlei Außenwirkung. Deshalb werden Ansprüche Dritter hierdurch nicht begründet.

⟶

(2) Eine Vertretungsmacht für den jeweils anderen Partner besteht nur bei Erteilung einer ausdrücklichen Vollmacht sowie nach Maßgabe des nachfolgenden Absatzes. Sonst tritt jeder von uns im Verhältnis zu Dritten im eigenen Namen auf und vertritt sich ausschließlich allein.

(3) Wir bevollmächtigen einander gegenseitig, die Einwilligung zu ärztlichen Behandlungen des jeweils anderen zu erteilen und uns über den Gesundheitszustand des jeweils anderen Partners umfassend aufzuklären. In diesem Zusammenhang entbindet jeder von uns die behandelnden Ärzte, das Pflegepersonal, die Krankeneinrichtung sowie die Sozialversicherungs- und Pflegeeinrichtungen von der ärztlichen Schweigepflicht. Dies soll auch über unseren Tod hinaus gelten. Außerdem soll jeder Partner uneingeschränkt zu Besuchen am Krankenbett des anderen berechtigt sein.

§ 3 Vermögenszuordnung

(1) Die in unsere Lebens- und Haushaltsgemeinschaft eingebrachten Vermögen sollen getrennt bleiben. Jeder von uns bleibt Alleineigentümer der von ihm in die Partnerschaft eingebrachten Sachen. Dies gilt grundsätzlich auch für Ersatzgegenstände, sofern der ersetzte Gegenstand im Alleineigentum eines Partners stand. Eine Abweichung von dieser Regel bedarf einer ausdrücklichen schriftlichen Vereinbarung. Die Gegenstände, die bei Beginn unserer Partnerschaft im Alleineigentum eines jeden von uns stehen, sind in der Teilungsvereinbarung als Anlage dieses Vertrages aufgeführt.

(2) Sachen, die ein jeder von uns während des Bestehens unserer Partnerschaft angeschafft hat, sowie Gegenstände, die ein Partner von Todes wegen erhalten hat oder die ihm von Dritten unentgeltlich zugewendet wurden, gehören ebenfalls zum Alleineigentum des jeweiligen Partners.

(3) Beide Partner erlangen Miteigentum an Gegenständen, die gemeinsam für die Wohnung bzw. den Haushalt angeschafft und aus gemeinschaftlichen Mitteln erworben wurden. Solche im Miteigentum der Partner stehenden Sachen sollen im Falle einer Trennung gemäß der als Anlage beigefügten Teilungsvereinbarung zwischen den Partnern aufgeteilt werden.[1] Die Teilungsvereinbarung hat rechtsbezeugende und -begründende Wirkung und ist bei jeder Neuanschaffung zu aktualisieren.

(4) Für die Sachen, die ein Partner in die gemeinsame Wohnung bzw. den gemeinsamen Haushalt zur gemeinsamen Nutzung eingebracht hat, kann weder bei Bestehen noch nach Auflösung der Partnerschaft eine Nutzungsentschädigung verlangt werden.

§ 4 Haushaltsführung

(1) Der Haushalt soll gemeinschaftlich geführt werden. Beide Partner sind zur Hausarbeit berechtigt und verpflichtet. Die Arbeitseinteilung erfolgt nach Absprache.

(2) Für die laufenden Kosten der Haushaltsführung wird ein gemeinsames Konto in Form eines Oder-Kontos[2] eingerichtet. Über dieses Konto werden sämtliche Kosten der gemeinsamen Lebensführung inklusive der Miete, Nebenkosten, Telefon- und

---

1 Ein Beispiel finden Sie auf Seite 94.
2 Bei einem Oder-Konto ist jeder Kontoinhaber allein verfügungsberechtigt. Dagegen können die Kontoinhaber bei einem Gemeinschaftskonto nur gemeinsam über das Konto verfügen.

Internetgebühren, Kfz-Kosten sowie Versicherungen abgewickelt. Beide Partner sind verpflichtet, auf dieses Konto für die gemeinsamen Lebenshaltungskosten monatlich im Voraus bis zum ersten Kalendertag eines jeden Monats einen Betrag von _____ Euro einzuzahlen.

(3) Kosten der persönlichen Lebensführung, z.B. für Bekleidung, Bücher, CDs oder Kosmetika, hat jeder Partner selbst zu tragen.

(4) Im Falle der Auflösung der Partnerschaft sind gegebenenfalls noch ausstehende Monatszahlungen nachzuzahlen. Ein nach Abzug aller Kosten etwaig verbleibendes Guthaben auf dem Haushaltskonto wird zwischen den Parteien hälftig geteilt. Im Falle eines Solls auf dem Konto sind die Vertragsparteien verpflichtet, dieses zu gleichen Teilen auszugleichen.

(5) Für den Fall der Beendigung der Partnerschaft besteht für beide Partner kein Anspruch auf Ausgleich der während der Dauer der Partnerschaft für den gemeinsamen Haushalt erbrachten Dienstleistungen und finanziellen Aufwendungen.

§ 5 Wohnung

(1) Wir haben die Wohnung in _____, _____, gemeinsam gemietet und sind somit aus dem Mietverhältnis in gleicher Weise berechtigt und verpflichtet. Falls wir uns trennen sollten, wollen wir einvernehmlich darüber entscheiden, wer von uns aus der Wohnung auszieht und wer gegebenenfalls die Wohnung behält.

(2) Den monatlichen Mietzins sowie weitere im Zusammenhang mit der Wohnung anfallende Kosten tragen die Partner jeweils zur Hälfte. Die entsprechenden Geldbeträge sind fristgerecht auf das von den Parteien eingerichtete Oder-Konto zu überweisen.

(3) Zieht ein Partner aus der Wohnung aus, dann ist der Partner, der die Wohnung allein weiternutzt, verpflichtet, die Miete, die Nebenkosten sowie sämtliche weitere nach dem Auszug anfallenden Kosten allein zu tragen. Etwaige Zahlungsrückstände des ausgezogenen Partners sowie anteilige Kosten für bis zu seinem Auszug fällige Schönheitsreparaturen sind von diesem zu erstatten.

(4) Mit dem Vermieter wurde schriftlich vereinbart, dass im Falle des Auszugs eines Partners der Mietvertrag mit dem in der Wohnung verbleibenden Partner allein fortgesetzt werden kann. Der aus der Wohnung ausgezogene Partner wird in diesem Fall von weiteren Zahlungsverpflichtungen gegenüber dem Vermieter freigestellt.

(5) Für die Aufnahme Dritter in die Wohnung ist die Zustimmung beider Partner erforderlich. Für gelegentliche Besuche (bis zu einer Dauer von sechs Wochen) von Verwandten und Freunden eines Partners gilt diese Zustimmung als erteilt.

§ 6 Beendigung der Partnerschaft

(1) Jeder von uns kann die Partnerschaft jederzeit und ohne Angabe von Gründen beenden. Im Zweifel gilt der Auszug eines Partners aus der gemeinsam genutzten Wohnung als Beendigung unserer Lebensgemeinschaft.

(2) Wird unsere Partnerschaft auf andere Weise als durch den Tod eines Partners oder unsere Eheschließung beendet, dann soll die Vermögensauseinandersetzung ausschließlich nach den Vereinbarungen dieses Vertrages durchgeführt werden.

(3) Für den Fall, dass wir miteinander die Ehe schließen, sollen ab diesem Zeitpunkt – sofern nicht etwas anders vereinbart wurde – die gesetzlichen Vorschriften gelten. Eine Vermögensauseinandersetzung hinsichtlich unseres vorehelichen Zusammenlebens wird nicht durchgeführt.

(4) Im Falle der Trennung gelten alle einander gegenseitig erteilten Vollmachten als widerrufen.

§ 7 Abfindung

(1) Sollten aus unserer Beziehung Kinder hervorgehen und widmet sich aufgrund dessen einer von uns für eine bestimmte Zeit allein der Kinderbetreuung und Haushaltsführung, dann sollen im Falle einer Trennung die für diesen Partner damit verbundenen persönlichen finanziellen Einbußen durch die Zahlung einer Abfindung durch den anderen Partner ausgeglichen werden.

(2) Für die Bemessung dieser Abfindung wird das bisherige monatliche Einkommen des berechtigten Partners zugrunde gelegt. Hierbei sind auch die Beiträge für eine angemessene Altersversorgung zu berücksichtigen. Die Höhe der Abfindung wird auf dieser Grundlage nach der Dauer der Familienarbeit gemessen.

(3) Der Anspruch auf diese Abfindung besteht unabhängig vom etwaigen Verschulden des Partners an der Trennung.

§ 8 Unterhalt

(1) Sollten aus unserer Beziehung Kinder hervorgehen, dann erhält im Falle unserer Trennung der Partner, bei dem die Kinder leben, einen monatlichen Unterhalt in Höhe von _____ Euro, zahlbar bis zum dritten Werktag eines jeden Kalendermonats im Voraus. Der Unterhaltsanspruch besteht, solange und soweit von dem betreuenden Partner wegen der Pflege oder Erziehung gemeinschaftlicher Kinder eine Erwerbstätigkeit nicht erwartet werden kann.

(2) Der Anspruch der Kinder auf den gesetzlichen Unterhalt bleibt hiervon unberührt.

§ 9 Schenkungen und Verbindlichkeiten

(1) Im Falle einer Trennung können die Partner weder Geschenke noch sonstige Zuwendungen zurückverlangen, die sie einander gemacht haben. Bei Zuwendungen, deren Wert das übliche Maß übersteigt (z.B. ein Pkw) und die mit Mitteln beider Partner finanziert wurden, ist zwischen den Partnern im Einzelfall zu regeln, in welcher Form ein Ausgleich stattfinden soll. Wurde eine derartige Vereinbarung nicht getroffen, so sind die von den Partnern eingebrachten Leistungen gegeneinander aufzurechnen. Ein hierbei entstehendes Guthaben eines Partners ist von dem anderen innerhalb eines Monats nach schriftlicher Zahlungsaufforderung auszugleichen.

(2) Den Partnern ist bekannt, dass eine Haftung für gemeinsame Verbindlichkeiten und Bürgschaften gegenüber Dritten auch im Falle ihrer Trennung fortbestehen bleibt. Wurde ein Gegenstand aus Darlehensmitteln erworben und behält einer der Partner diesen nach der Trennung für sich allein, so verpflichtet er sich hierdurch, unverzüglich die Schuldentlassung des anderen Partners bzw. dessen Entlassung aus der Bürgschaft herbeizuführen. Von den während des Bestehens der Partnerschaft auf Darlehen erbrachten Zins- und Tilgungsleistungen hat der Partner, der den Gegenstand behält, den hälftigen Anteil zu erstatten.

→

§ 10 Haftung

Die Partner haften einander für Schäden, die auf Handlungen im Rahmen ihres Zusammenlebens beruhen, nur für diejenige Sorgfalt, die sie in ihren eigenen Angelegenheiten anzuwenden pflegen.

§ 11 Verfügungen von Todes wegen

Erbrechtliche Regelungen für den Fall des Todes eines Partners wollen wir heute nicht treffen. Wir werden diesbezüglich einen gesonderten, notariell beurkundeten Erbvertrag abschließen.

§ 12 Schlussbestimmungen

(1) Sollten einzelne Bestimmungen dieses Vertrages unwirksam sein oder werden, so wird hierdurch die Wirksamkeit der übrigen Vereinbarungen nicht berührt. An die Stelle der unwirksamen Bestimmung soll eine Regelung treten, die nach dem Sinn und Zweck der von den Parteien gewollten Regelung am nächsten kommt.

(2) Ergänzungen dieses Vertrages bedürfen, soweit nicht eine notarielle Beurkundung erforderlich ist oder diese von einem Partner gewünscht wird, der Schriftform. Dies gilt auch für die Aufhebung des Schriftformerfordernisses.

[Ort, Datum, Unterschriften]

Trennungsvereinbarung

In Bezug auf nicht verheiratete Paare versteht man unter einer Trennungsvereinbarung eine Art »Abschlussvereinbarung«, in der alle Punkte schriftlich festgehalten werden, über die die Partner sich anlässlich ihrer Trennung geeinigt haben. Gleichzeitig werden frühere Vereinbarungen (z.B. aus einem Partnerschaftsvertrag oder einer Teilungsvereinbarung), die inzwischen von den Partnern erfüllt wurden (wie etwa bereits gezahlte Ausgleichsbeträge, Schuldenteilung bzw. Umschuldung), als »erledigt« quittiert.

Mit einer derartigen Abschlusserklärung wird ein Schlussstrich unter die Beziehung gezogen, vergleichbar mit einem Scheidungsurteil. Ohne eine von beiden Partnern unterschriebene Trennungsvereinbarung besteht die Gefahr, dass ein früherer Partner noch Jahre später Nachforderungen an den anderen stellt.

Trennungsvereinbarung

zwischen

Herrn _____ ,

geboren am _____ in _____ ,

wohnhaft in _____

und

Frau _____ ,

geboren am _____ in _____ ,

wohnhaft in _____ .

§ 1 Vorbemerkung

Wir haben unsere bisherige Lebensgemeinschaft am _____ beendet. Abschließend stellen wir fest, dass die folgenden Ansprüche aus unserem gemeinsamen Partnerschaftsvertrag vom _____ vereinbarungsgemäß erfüllt wurden und keine weiteren gegenseitigen Ansprüche mehr bestehen.

§ 2 Hausratsaufteilung

(1) Die während unserer Partnerschaft gemeinsam angeschafften Gegenstände haben wir gemäß der Teilungsvereinbarung vom _____ untereinander aufgeteilt:

Frau _____ hat die Waschmaschine, den Wäschetrockner und das Fernsehgerät zum alleinigen Eigentum erhalten, dagegen hat Herr _____ den Kühlschrank, die Küchenmaschine, den Geschirrspüler und die Stereoanlage zum alleinigen Eigentum erhalten.

(2) Die Hausratsgegenstände, die jeder von uns in die Partnerschaft eingebracht oder aus eigenen Mitteln gekauft hat, verbleiben im jeweiligen Alleineigentum und sind dementsprechend aufgeteilt worden.

§ 3 Wohnung

(1) Frau _____ ist von dem Vermieter mit Wirkung zum _____ aus dem Mietvertrag entlassen worden. Alleiniger Mieter ist seitdem Herr _____ .

→

(2) Frau ▭ hat bei ihrem Auszug die von ihr allein bewohnten Räume renoviert übergeben. Für Schönheitsreparaturen an den gemeinsam genutzten Räumen hat sie an Herrn ▭ einen Pauschalbetrag in Höhe von ▭ Euro geleistet.

(3) Frau ▭ hat an Herrn ▭ für die zu erwartende jährliche Nebenkostennachzahlung einen Pauschalbetrag in Höhe von ▭ Euro geleistet.

(4) Herr ▭ hat von Frau ▭ sämtliche zur Wohnung gehörenden Schlüssel zurückerhalten.

§ 4 Abfindung

Frau ▭ hat von Herrn ▭ zum Ausgleich der persönlichen finanziellen Einbußen für die Zeit der Betreuung des gemeinsamen Kindes und die Haushaltsführung während dieser Zeit eine einmalige Abfindung in Höhe von ▭ Euro erhalten.

§ 5 Vollmacht

Die einander erteilten Post- und Bankvollmachten wurden widerrufen.

[Ort, Datum, Unterschriften]

Erbschaft

Tipp

Ausführliche Informationen zum Erbrecht bietet der Ratgeber »Nachlassplanung« (204 Seiten, 9,80 Euro), den Sie bei allen Verbraucherzentralen erhalten (vgl. Seite 142).

Unverheiratete Paare können einander lediglich durch Testament oder Erbvertrag zum Erben einsetzen oder dem Lebenspartner ein Vermächtnis zukommen lassen. Andernfalls geht der Partner leer aus. Nicht miteinander verheiratete Lebenspartner dürfen im Gegensatz zu Ehepartnern und Partnern einer Eingetragenen Lebenspartnerschaft kein gemeinschaftliches Testament errichten.

Beim Aufsetzen des Testaments sollten Sie die gesetzlichen Erben (z.B. Kinder oder, wenn Sie noch nicht geschieden sind, Ihren Ehepartner) nicht vergessen. Auch wenn Sie Ihren Lebenspartner als Alleinerben einsetzen, steht einem Ehegatten oder den Kindern zumindest der so genannte Pflichtteil zu. Dieser beträgt die Hälfte des gesetzlichen Erbteils. Bevor Sie Ihr Testament machen, sollten Sie sich besser von einem Notar oder Anwalt beraten lassen. Ein Jurist kann Ihnen auch sagen, in welchen Fällen ein Erbvertrag sinnvoll ist. Besonders benachteiligt sind nicht miteinander

> **Haftung des Notars für ungültiges Testament**
>
> Ein Notar, der ein »gemeinschaftliches Testament« von zwei Partnern einer nicht ehelichen Lebensgemeinschaft beurkundet, ist im Erbfall demjenigen zu Schadensersatz verpflichtet, der wegen der Ungültigkeit eines solchen Testaments nicht erbt.
> *Urteil des Oberlandesgerichts Frankfurt vom 22. 9. 1999 – Aktenzeichen 7 U 184/98*

verheiratete Partner bei der Erbschaftsteuer. Sie sind hier – im Gegensatz zu Ehepartnern – in der Steuerklasse I eingruppiert, und statt 307.000 Euro für Ehegatten beträgt ihr Freibetrag lediglich 5.200 Euro. Diese Besteuerung gilt auch für Schenkungen. Aus diesem Grund kann es günstig sein, seinen Lebenspartner auf andere Weise zu bedenken, beispielsweise durch eine Risikolebensversicherung. Gegebenenfalls sollten Sie sich von einem Notar oder Steuerberater über die in Betracht kommenden Möglichkeiten beraten lassen.

Vollmachten

> **Tipp**
>
> Ausführliche Informationen zu »Patientenverfügung, Vorsorgevollmacht und Betreuungsverfügung« bietet der gleichnamige Ratgeber (96 Seiten, 5,90 Euro), den Sie bei allen Verbraucherzentralen erhalten (vgl. Seite 141).

Gerade für nicht verheiratete Partner ist die Erteilung gegenseitiger Vollmachten unerlässlich, nicht zuletzt um im Alltag für den anderen handlungsfähig zu sein (z.B. zur Entgegennahme von Einschreibebriefen). Aber auch für Ehegatten können bestimmte Vollmachten wichtig sein, so beispielsweise eine Bankvollmacht für den Fall, dass der allein verfügungsberechtigte Ehepartner erkrankt und keine Bankgeschäfte mehr für die Familie tätigen kann. Insofern sollten also auch verheiratete Partner rechtzeitig für den »Ernstfall« vorbauen.

Generalvollmacht für nicht verheiratete Lebenspartner

Hierdurch bevollmächtige ich, _____,
geboren am _____ in _____,
wohnhaft in _____,

meine Lebenspartnerin/meinen Lebenspartner _____,
geboren am _____ in _____,
wohnhaft in _____,

mich in allen Angelegenheiten, in denen dies rechtlich möglich ist, gerichtlich und außergerichtlich zu vertreten und in meinem Namen Rechtsgeschäfte und Rechtshandlungen vorzunehmen.

Der/Die Bevollmächtigte kann im Einzelfall Untervollmacht erteilen, nicht jedoch unter Befreiung von den Beschränkungen des Verbots des Selbstkontrahierens (§ 181 BGB).

Diese Vollmacht kann jederzeit ohne Angabe von Gründen von mir beziehungsweise meinen Erben widerrufen werden.

Eine Rechenschaftspflicht besteht nur mir gegenüber, nicht jedoch gegenüber meinen Erben.

[Ort, Datum, Unterschrift des Vollmachtgebers/der Vollmachtgeberin]
[Öffentliche Beglaubigung der Unterschrift durch einen Notar]

Vollmacht für den Krankheitsfall eines Partners

Hierdurch bevollmächtige ich, _____,
geboren am _____ in _____,
wohnhaft in _____,

meine Lebenspartnerin/meinen Lebenspartner _____,
geboren am _____ in _____,
wohnhaft in _____,

mich für den Fall, dass ich aufgrund einer psychischen Krankheit oder einer körperlichen, geistigen oder seelischen Behinderung nicht mehr in der Lage bin, meine persönlichen Angelegenheiten wahrzunehmen, in allen persönlichen Angelegenheiten zu vertreten, soweit eine Vertretung gesetzlich zulässig ist, insbesondere

- bezüglich der Aufenthaltsbestimmung, z.B. bei der Entscheidung über meine Aufnahme in ein Krankenhaus, der Unterbringung in einem Pflegeheim oder einer geschlossenen Anstalt, auch wenn hiermit eine Freiheitsentziehung im Sinne des § 1906 BGB verbunden ist,
- bei allen Erklärungen bezüglich ärztlichen Maßnahmen, vor allem bei der Einwilligung in eine ärztliche Untersuchung, einen ärztlichen Eingriff, eine Heilbehandlung oder eine Medikation,
- bei der Entscheidung über freiheitsentziehende Maßnahmen durch mechanische Vorrichtungen (z.B. das Anbringen von Bettgittern oder das Fixieren mit entsprechenden Hilfsmitteln).

Die behandelnden Ärzte, das Pflegepersonal sowie die Träger der entsprechenden Einrichtungen sind verpflichtet, dem/der Bevollmächtigten umfassend Auskunft über meinen Gesundheitszustand sowie Einsicht in die Krankenunterlagen zu erteilen. Die behandelnden Ärzte sowie das Pflegepersonal werden von ihrer Schweigepflicht gegenüber dem/der Bevollmächtigten entbunden. Diesem/Dieser ist im weitestgehend möglichen Umfang ein Besuchsrecht zu gestatten.

[Ort, Datum, Unterschrift des Vollmachtgebers/der Vollmachtgeberin]
[Öffentliche Beglaubigung der Unterschrift durch einen Notar]

Vollmacht für den Fall des Todes eines Partners

Hierdurch bevollmächtige ich, _____ ,
geboren am _____ in _____ ,
wohnhaft in _____ ,
meine Lebenspartnerin/meinen Lebenspartner _____ ,

geboren am _____ in _____ ,
wohnhaft in _____ ,

für den Fall meines Todes alle erforderlichen Erklärungen abzugeben. Insbesondere soll der/die Bevollmächtigte alle Einzelheiten meiner Beerdigung regeln. Er/Sie hat die Art der Bestattung und die Auswahl meiner letzten Ruhestätte zu bestimmen, sofern ich vor meinem Ableben nichts anderes verfügt habe.

Diese Vollmacht ist nicht übertragbar. Der/Die Bevollmächtigte ist nicht berechtigt, Untervollmacht zu erteilen.

[Ort, Datum, Unterschrift des Vollmachtgebers/der Vollmachtgeberin]
[Öffentliche Beglaubigung der Unterschrift durch einen Notar]

Bankvollmacht

Hierdurch erteile ich, _____ ,
geboren am _____ in _____ ,
wohnhaft in _____ ,

meiner Lebenspartnerin/meinem Lebenspartner _____ ,
geboren am _____ in _____ ,
wohnhaft in _____ ,

Kontovollmacht für mein Konto
bei der _____ (Name der Bank/Sparkasse)   ⋯⟶

Kontonummer: BLZ:

Das Geldinstitut wird hiermit gebeten, eine entsprechende Verfügungsberechtigung einzurichten.

Die Erteilung einer Untervollmacht ist nicht zulässig. Der/Die Bevollmächtigte ist allerdings von den Beschränkungen des § 181 BGB befreit.

Diese Vollmacht gilt über meinen Tod hinaus.

[Ort, Datum, Unterschrift des Vollmachtgebers/der Vollmachtgeberin]
[Öffentliche Beglaubigung der Unterschrift durch einen Notar]

Postvollmacht

Hierdurch erteile ich,   ,
geboren am   in   ,
wohnhaft in   ,

meiner Lebenspartnerin/meinem Lebenspartner   ,
geboren am   in   ,
wohnhaft in   ,

Postvollmacht

für die Entgegennahme von Einschreibesendungen, Päckchen und Paketen sowie allen sonstigen an mich gerichteten Postsendungen.

Diese Vollmacht gilt über meinen Tod hinaus.

[Ort, Datum, Unterschrift des Vollmachtgebers/der Vollmachtgeberin]
[Öffentliche Beglaubigung der Unterschrift durch einen Notar]

Gesetzliche Regelungen für Eingetragene Lebenspartnerschaften

Mit dem Gesetz über die Eingetragene Lebenspartnerschaft, kurz Lebenspartnerschaftsgesetz (LPartG), wurde ein eigenständiges Rechtsinstitut für homosexuelle Lebenspartnerschaften geschaffen. Es soll dazu beitragen, die Diskriminierung von Menschen mit gleichgeschlechtlicher Identität abzubauen, andere Lebensformen zu respektieren sowie stabile persönliche Beziehungen zwischen Menschen zu fördern, die mit Rechten und Pflichten füreinander einstehen wollen.

Begründung einer Eingetragenen Lebenspartnerschaft

Zuständige Behörden

Zwei Personen gleichen Geschlechts können eine Lebenspartnerschaft begründen, wenn sie gegenseitig persönlich und bei gleichzeitiger Anwesenheit erklären, miteinander eine Partnerschaft auf Lebenszeit führen zu wollen (§ 1 Absatz 1 Satz 1 LPartG). Die Erklärungen der Lebenspartnerinnen oder Lebenspartner müssen vor der zuständigen Behörde abgegeben werden. In Schleswig-Holstein, Hamburg, Niedersachsen, Bremen, Nordrhein-Westfalen, Sachsen-Anhalt, Mecklenburg-Vorpommern und Berlin ist dies grundsätzlich das Standesamt. In Hessen, dem Saarland, Brandenburg, Rheinland-Pfalz, Baden-Württemberg, Thüringen und Sachsen ist es von Gemeinde zu Gemeinde verschieden geregelt, da hier die jeweilige Kommune entscheiden darf, vor welcher Behörde die Erklärungen abgegeben werden können. In Bayern kann die Eingetragene Lebenspartnerschaft auch vor einem Notar begründet werden. Weitere Voraussetzungen für die wirksame Begründung einer Lebenspartnerschaft sind:

⇢ Die Person, mit der die Lebenspartnerschaft begründet werden soll, darf weder minderjährig noch verheiratet sein oder bereits

mit einer anderen Person eine Eingetragene Lebenspartnerschaft führen.
- Eine Lebenspartnerschaft kann nicht zwischen Personen begründet werden, die in gerader Linie miteinander verwandt sind (also z.B. Eltern und Kinder).
- Ebenso unzulässig ist eine Eingetragene Lebenspartnerschaft zwischen vollbürtigen und halbbürtigen Geschwistern.
- Außerdem scheidet eine Eingetragene Lebenspartnerschaft aus, wenn die Lebenspartner einander nicht zu Fürsorge und Unterstützung sowie zur gemeinsamen Lebensgestaltung verpflichtet sein wollen und nicht die Verantwortung füreinander tragen möchten (§ 2 LPartG).

Rechtswirkungen

Ein Lebenspartner gilt als Familienangehöriger des anderen Lebenspartners, sofern nicht etwas anderes bestimmt ist (§ 11 Absatz 1 LPartG). Die Verwandten eines Lebenspartners gelten als mit dem anderen Lebenspartner verschwägert. Die Linie und der Grad der Schwägerschaft bestimmen sich nach der Linie und dem Grad der sie vermittelnden Verwandtschaft. Die Schwägerschaft dauert auch dann fort, wenn die Lebenspartnerschaft aufgelöst wurde.

Familienangehöriger

Gemäß § 4 LPartG haben die Lebenspartner bei der Erfüllung der sich aus ihrer Lebenspartnerschaft ergebenden Verpflichtungen einander nur für diejenige Sorgfalt einzustehen, die sie auch in ihren eigenen Angelegenheiten walten lassen. Entsprechend den Regelungen des Bürgerlichen Gesetzbuches über die Unterhaltspflichten von Eheleuten (§§ 1360 a und 1360 b BGB) sind die Lebenspartner einander zum angemessenen Unterhalt verpflichtet (§ 5 LPartG). Dieser umfasst alles, was nach den Verhältnissen der Lebenspartner erforderlich ist, um die Kosten des Haushalts zu bestreiten und ihre persönlichen Bedürfnisse zu befriedigen.

Unterhaltspflicht

Vermögensrechtliche Wirkungen

Zugewinngemeinschaft

Bei Eingehen einer Lebenspartnerschaft wird seit dem 1. Januar 2005 von Gesetz wegen der Güterstand der Zugewinngemeinschaft begründet (§ 6 LPartG). Nach § 7 LPartG können die Lebenspartner ihre güterrechtlichen Verhältnisse aber auch durch einen Lebenspartnervertrag regeln. Die §§ 1409 bis 1563 BGB gelten dann entsprechend. Haben die Lebenspartner im Güterstand der Zugewinngemeinschaft gelebt und wird die Eingetragene Lebenspartnerschaft aufgehoben, dann wird entsprechend den Vorschriften der §§ 1371 bis 1390 BGB der Zugewinnausgleich durchgeführt, sofern vertraglich nichts anderes vereinbart wurde.

Gemäß § 8 LPartG wird zugunsten der Gläubiger eines der Lebenspartner vermutet, dass die im Besitz eines Lebenspartners oder beider Lebenspartner befindlichen beweglichen Sachen dem Schuldner gehören. Diese Vermutung gilt nicht, wenn Ihr Partner etwas nicht bezahlt hat, nachdem Sie von ihm bereits getrennt leben und Ihre Sachen beim Auszug mitgenommen haben.

Gesetzliche Vertretungskompetenz

Wie Ehepartner können Sie für Ihren Lebenspartner Rechtsgeschäfte zur angemessenen Deckung des gemeinsamen Lebensbedarfs vornehmen und umgekehrt (§ 1357 Absatz 1 BGB). Das heißt, Sie können Lebensmittel, Wäsche oder Haushaltsgegenstände kaufen oder einen Handwerker mit einer Reparatur im Haushalt beauftragen. für solche alltäglichen Geschäfte haften beide Lebenspartner unabhängig davon, wer sie getätigt hat und ob der andere davon wusste oder nicht. Bei Rechtsgeschäften, die über das Maß des Üblichen hinausgehen (beispielsweise die Buchung einer teuren Luxusreise) haftet dagegen der andere Lebenspartner nicht.

Vergütung für Haushaltsführung

Der haushaltsführende Lebenspartner hat keinen gesetzlichen Anspruch auf eine Vergütung. Ein solcher Anspruch kann nur durch einen Lebenspartnerschaftsvertrag begründet werden. Im Eherecht hat die Rechtsprechung aus § 1360 a BGB (Umfang der Unterhaltspflicht) abgeleitet, dass ein Ehegatte ohne eigenes Einkommen gegen den alleinverdienenden Ehegatten einen Anspruch auf Taschengeld hat. Dessen Höhe richtet sich nach dem Einkommen und dem Lebensstil des Paares. Als Richtwert gilt ein Betrag in der Größenordnung von 5 Prozent des Nettoeinkommens des verdienenden Partners (vgl. Seite 13). Diese Rechtsprechung dürfte für den haushaltsführenden Partner einer Eingetragenen Lebenspartnerschaft analog gelten. Nach Meinung des Bundesgerichtshofs besteht der Anspruch auf Taschengeld auch dann, wenn der eine Partner trotz Erwerbstätigkeit sehr viel weniger verdient als der andere. Voraussetzung ist, dass das dem weniger verdienenden Ehegatten zustehende Taschengeld höher ausfällt als der eigene Verdienst.

> **Hinweis**
>
> Für Eingetragene Lebenspartner gelten abgesehen vom Erbrecht weitgehend die Vorschriften für Ehepartner analog.

Elterliche Sorge

Da die Partner einer Eingetragenen Lebenspartnerschaft keine leiblichen gemeinsamen Kinder haben können und bislang auch kein Kind gemeinsam adoptieren dürfen, scheidet eine gemeinsame elterliche Sorge im Sinne der §§ 1626 ff.. BGB aus.

Allerdings enthält § 9 LPartG eine Regelung, die mitunter als »kleines Sorgerecht« bezeichnet wird. Danach hat der Lebenspartner eines allein sorgeberechtigten Elternteils im Einvernehmen mit diesem ein Mitentscheidungsrecht in Alltagsfragen. Er hat also beispielsweise ein Wörtchen mitzureden, wenn es um die Pflichten eines älteren Kindes im Haushalt geht. Ist der sorgeberechtigte Elternteil verhindert, wenn dem Kind unmittelbar Gefahr droht, dann darf der Lebenspartner alle zum Wohle des Kindes notwendigen Rechtshandlungen vornehmen. Erleidet das Kind Ihres Partners beispielsweise einen Unfall, können Sie das Einverständnis für die erforderliche ärztliche Behandlung erteilen. Sie müssen Ihren Partner allerdings unverzüglich davon unterrichten. Diese Befugnisse entfallen, sofern Sie nicht nur vorübergehend von Ihrem Partner getrennt leben.

»Kleines Sorgerecht«

Adoption

Ein Partner kann mit Einwilligung des anderen Lebenspartners ein Kind allein adoptieren (§ 9 Absatz 6 LPartG). Diese Einwilligung kann auf Antrag vom Vormundschaftsgericht ersetzt werden, sofern dem nicht berechtigte Interessen des anderen Lebenspartners entgegenstehen (§ 1749 Absatz 1 Satz 2 und 3, Absatz 3 BGB). Seit dem 1. Januar 2005 ist es außerdem möglich, dass ein Lebenspartner das Kind des anderen Partners adoptiert (»Stiefkindadoption«, § 9 Absatz 6 LPartG). Lebt ein unverheiratetes Kind im Haushalt der Lebenspartner, können diese nach § 9 Absatz 5 LPartG dem Kind ihren Lebenspartnerschaftsnamen erteilen. Dazu genügt eine entsprechende Erklärung gegenüber der zuständigen Behörde. Allerdings müssen der eventuell ebenfalls sorgeberechtigte andere Elternteil und das Kind selbst zustimmen, falls es älter als fünf Jahre ist (§ 1618 Satz 2–6 BGB).

Aufhebung einer Eingetragenen Lebenspartnerschaft

Familiengericht ist zuständig

Gemäß § 15 Absatz 1 LPartG wird eine Lebenspartnerschaft auf Antrag eines oder beider Lebenspartner durch richterliches Urteil aufgehoben. Zuständig ist das Familiengericht. Voraussetzung ist, dass die Lebenspartner

- seit einem Jahr getrennt leben und beide die Aufhebung beantragen oder der Antragsgegner der Aufhebung zustimmt oder nicht erwartet werden kann, dass eine partnerschaftliche Lebensgemeinschaft wieder hergestellt werden kann,

- ein Lebenspartner die Aufhebung beantragt und die Lebenspartner seit drei Jahren getrennt leben,
- die Fortsetzung der Lebenspartnerschaft für den Antragsteller aus Gründen, die in der Person des anderen Lebenspartners liegen, eine unzumutbare Härte wäre.

Solange die Lebenspartnerschaft noch nicht aufgehoben ist, können die Lebenspartner ihren Antrag auf Aufhebung der Lebenspartnerschaft zurücknehmen.

Die Lebenspartnerschaft soll nach § 15 Absatz 2 Satz 1 LPartG auch nach dreijährigem Getrenntleben ausnahmsweise nicht aufgehoben werden, wenn und solange die Aufhebung der Lebenspartnerschaft für den Antragsgegner aufgrund außergewöhnlicher Umstände eine schwere Härte darstellen würde. Hierbei ist eine Abwägung mit den Belangen des Antragstellers erforderlich.

Versorgungsausgleich

Lassen homosexuelle Partner ihre Lebenspartnerschaft aufheben, findet nach § 20 LPartG ein Versorgungsausgleich statt. Darin werden Anrechte auf eine Altersvorsorge oder Erwerbsunfähigkeitsrente, die eine oder beide Lebenspartner während der Dauer ihrer Eingetragenen Partnerschaft durch Arbeit oder Vermögen begründet oder aufrechterhalten haben, analog zu dem Versorgungsausgleich unter Eheleuten geteilt. Diesen Versorgungsausgleich können Sie in einem Lebenspartnerschaftsvertrag ausschließen. Falls Sie sich innerhalb eines Jahres nach Abschluss Ihres Lebenspartnerschaftsvertrags trennen, wird der Ausschluss allerdings unwirksam. Im Übrigen sind die §§ 1587 a bis 1587 p BGB, das Gesetz zur Regelung von Härten im Versorgungsausgleich mit Ausnahme der §§ 4 bis 6 und 8, das Versorgungsausgleichs-Überleitungsgesetz sowie die Barwert-Verordnung entsprechend anzuwenden. Diese Regelungen gelten nicht für Lebenspartner, die ihre Lebenspartnerschaft vor dem 1. Januar 2005 geschlossen haben. Sie müssen eine notariell beurkundete Erklärung nach § 21 Absatz 4 LPartG abgeben, dass

Versorgungsausgleich kann ausgeschlossen werden

der Versorgungsausgleich nach § 20 gegebenenfalls durchgeführt werden soll.

Gemeinsames Eigentum

Gesetzlicher Güterstand

Für Eigentum – z.B. an einer Immobilie – gilt grundsätzlich das Gleiche wie für Ehegatten. Sofern kein anderer Güterstand als der gesetzliche vereinbart wurde, wird der anteilige Wert am Ende der Lebenspartnerschaft jedem Partner nach den BGB-Vorschriften zum Zugewinnausgleich zugerechnet. Gehört beiden Lebenspartnern eine Immobilie, kann jeder von ihnen – sofern nichts anderes vertraglich vereinbart wurde – nach Aufhebung der Lebenspartnerschaft ohne Zustimmung des anderen die Aufhebung der Eigentümergemeinschaft verlangen (§ 749 Absatz 1 BGB). Dies hätte die Zwangsversteigerung des Objekts zur Folge, und deshalb sollten Sie möglichst schon beim Eigentumserwerb eine für Sie und Ihren Partner faire Regelung vereinbaren. Hierfür sollten Sie unbedingt juristische Hilfe in Anspruch nehmen.

Begründung eines Wohnungsmietverhältnisses

Gemäß § 18 Absatz 2 LPartG kann das Gericht in den Fällen, in denen die gemeinsame Wohnung im Eigentum oder Miteigentum eines Lebenspartners steht, für den anderen Lebenspartner ein Mietverhältnis an der Wohnung begründen, sofern der Verlust der Wohnung für diesen eine unbillige Härte wäre (so z.B., wenn er an einer schweren Krankheit leidet und ihm ein Umzug nicht zugemutet werden kann).

Gemeinsame Firma

Für Partner einer Eingetragenen Lebenspartnerschaft mit einer gemeinsamen Firma gelten grundsätzlich die gleichen Überlegungen wie für Ehepartner. Der nach dem Lebenspartnerschaftsgesetz vorgesehene Güterstand der Zugewinngemeinschaft könnte z.B. mit einem notariell beurkundeten Lebenspartnerschaftsvertrag so modifiziert werden, dass bei Beendigung der Lebenspartnerschaft durch den Tod eines Partners ein eventueller Überschuss uneingeschränkt wie vom Gesetz vorgesehen ausgeglichen werden soll, während der gesetzliche Ausgleich bei rechtskräftiger Aufhebung der Partnerschaft vollständig ausgeschlossen wird (vgl. das Formulierungsbeispiel im Mustervertrag auf Seite 127). Einen solchen Vertrag sollten Sie allerdings nie ohne anwaltliche Beratung schließen.

Gemeinsame Wohnung

Können sich die Lebenspartner anlässlich der Aufhebung der Lebenspartnerschaft nicht darüber einigen, wer von ihnen die gemeinsame Wohnung künftig bewohnen soll, muss das Familiengericht auf Antrag eine Entscheidung fällen. Haben die Lebenspartner die Wohnung gemeinsam gemietet, dann kann das Gericht bestimmen, dass einer der beiden Lebenspartner das Mietverhältnis allein fortsetzt. War die Wohnung nur von einem Lebenspartner gemietet worden, kann das Gericht anordnen, dass der andere an dessen Stelle Mieter wird (§ 18 Absatz 1 LPartG).

Familiengericht entscheidet auf Antrag

Gemäß § 563 Absatz 1 BGB tritt bei Tod eines Lebenspartners der andere automatisch in das Mietverhältnis ein.

Verteilung des Hausrats

Können sich die Lebenspartner anlässlich der Aufhebung ihrer Eingetragenen Lebenspartnerschaft nicht darüber einigen, wer von ihnen die Wohnungseinrichtung bzw. sonstigen Hausrat erhalten soll, so regelt das Familiengericht diese Rechtsverhältnisse auf Antrag nach seinem Ermessen. Dabei muss das Gericht alle Umstände des Einzelfalls berücksichtigen. Die Sachen, die einem Lebenspartner allein gehören oder im Miteigentum des anderen oder einer dritten Person stehen, soll das Gericht jedoch nur dann dem anderen Lebenspartner allein zuweisen, wenn dieser auf ihre Weiterbenutzung angewiesen ist und die Überlassung dem anderen zugemutet werden kann. Gemäß § 19 LPartG gelten die §§ 8 bis 10 der Verordnung über die Behandlung der Ehewohnung und des Hausrats entsprechend.

Unterhaltsansprüche

Gemäß § 5 LPartG sind die Lebenspartner einander zum Unterhalt verpflichtet. Der Umfang der Unterhaltspflicht richtet sich nach § 1360 a BGB, der für den Unterhalt während der Ehe gilt. Ein angemessener Unterhalt umfasst demgemäß alles, was nach den Verhältnissen der Lebenspartner erforderlich ist, um die gemeinsamen Lebenshaltungskosten zu decken. Dabei ist der Unterhalt in der Weise zu erbringen, die aufgrund der Lebensgemeinschaft geboten ist, das heißt also entweder durch Erwerbstätigkeit oder Haushaltsführung. Sind beide Partner berufstätig und wird der Haushalt von einer Haushaltshilfe geführt, sind grundsätzlich beide Lebenspartner verpflichtet, die zum gemeinsamen Unterhalt erforderlichen finanziellen Mittel zur Verfügung zu stellen.

Angemessener Unterhalt

Trennen sich die Lebenspartner, kann ein Lebenspartner von dem anderen einen nach den Lebensverhältnissen und den Erwerbs- und Vermögensverhältnissen während der Lebenspartnerschaft angemessenen Unterhalt verlangen (§§ 12, 16 LPartG). Ähnlich wie im Eherecht kann von dem nicht erwerbstätigen Lebenspartner verlangt werden, seinen Unterhalt durch eine Erwerbstätigkeit selbst zu verdienen. Etwas anderes gilt lediglich dann, wenn dieses von ihm aufgrund seiner persönlichen Verhältnisse unter Berücksichtigung der Lebenspartnerschaft sowie nach den wirtschaftlichen Verhältnissen der Lebenspartner nicht erwartet werden kann. Dieser Fall könnte beispielsweise eintreten, wenn die Trennung nach einem langjährigen Zusammenleben in überdurchschnittlich guten Lebensverhältnissen erfolgt und dem nicht erwerbstätigen Partner aufgrund seines Alters die Aufnahme einer Erwerbstätigkeit – sofern hierfür auf

Grundsätzlich kann nach Trennung Erwerbstätigkeit verlangt werden

dem Arbeitsmarkt überhaupt eine Möglichkeit bestünde – nicht zugemutet werden kann. Wie im Unterhaltsrecht für Ehepaare enthält auch das Gesetz über die Eingetragene Lebenspartnerschaft eine »Billigkeitsklausel«, nach der ein Unterhaltsanspruch bei grober Unbilligkeit zu versagen, herabzusetzen oder zeitlich zu begrenzen ist (§ 12 Absatz 2 LPartG). Die Vorschrift über den Getrenntlebenunterhalt (§ 1361 Absatz 4 BGB) gilt ebenfalls analog für Lebenspartner: Der Unterhaltspflichtige muss dem Unterhaltsberechtigten monatlich im Voraus eine Geldrente zahlen.

> **Achtung!**
> Der Getrenntlebenunterhalt kann nicht per Vertrag ausgeschlossen werden (vgl. Seite 37).

Nach der Aufhebung der Lebenspartnerschaft kann ein Lebenspartner, der anschließend nicht selbst für seinen Unterhalt sorgen kann, von seinem ehemaligen Partner einen nach den Lebensverhältnissen während der Lebenspartnerschaft angemessenen Unterhalt verlangen, soweit und solange von ihm keine Erwerbstätigkeit erwartet werden kann (§ 16 Absatz 1 LPartG). Dieses wird nach dem Gesetz vor allem anzunehmen sein, wenn der Unterhaltsberechtigte wegen seines Alters, einer Krankheit oder anderer Gebrechen nicht in der Lage ist, eine Berufstätigkeit auszuüben. Der Unterhaltsanspruch ist unter Umständen zeitlich begrenzt. Geht der Unterhaltsberechtigte eine neue Eingetragene Lebenspartnerschaft oder eine Ehe ein, erlischt dieser Anspruch vollständig (§ 16 Absatz 2 Satz 1 LPartG).

Die Höhe des Unterhalts richtet sich grundsätzlich nach den Lebensverhältnissen während der Lebenspartnerschaft. Diese Bemessung des Unterhalts kann zeitlich begrenzt und später auf einen »angemessenen Lebensbedarf« herabgesetzt werden. Er ist für den Unterhaltsberechtigten im Einzelnen zu ermitteln und muss den gesamten Lebensbedarf abdecken, also die Kosten für Miete, Kleidung, Lebensmittel und so weiter, die Kosten für eine angemessene Altersvorsorge, Erwerbsunfähigkeits-, Kranken- und Pflegeversicherung und gegebenenfalls auch für eine Schul- oder Berufsausbildung, eine Fortbildung oder Umschulung. Unter analoger Anwendung des § 1579 BGB (vgl. Seite 33 f.) sind ein Ausschluss, eine Kürzung oder auch eine zeitliche Begrenzung des Unterhaltsanspruchs wegen grober Unbilligkeit möglich.

Höhe des Unterhalts

Die ehemaligen Lebenspartner sind einander verpflichtet, auf Verlangen Auskunft über ihre Einkünfte und ihr Vermögen zu erteilen.

Der Unterhaltsverpflichtete darf durch die Unterhaltsgewährung nicht seinen eigenen angemessenen Unterhalt gefährden (»Selbstbehalt«), und er muss auch nicht den Stamm seines Vermögens verwerten, sofern diese Maßnahme unwirtschaftlich und unter Berücksichtigung der beiderseitigen wirtschaftlichen Verhältnisse unbillig wäre.

Geldrente

Wie der Unterhalt während des Getrenntlebens der Lebenspartner ist der Unterhalt nach Aufhebung der Lebenspartnerschaft in Form einer monatlichen Geldrente zu gewähren (§ 1585 BGB).

Grundsätzlich erlischt der Unterhaltspflicht mit dem Tod des unterhaltspflichtigen Partners, aber unter Umständen können seine Erben zur Weiterleistung verpflichtet sein. Sie haften allerdings nur bis zu der Höhe des Pflichtteils, der dem Unterhaltsberechtigten zugestanden hätte, wenn die Lebenspartnerschaft nicht aufgehoben worden wäre.

Der Unterhaltsanspruch des früheren Lebenspartners hat Vorrang vor dem Unterhaltsanspruch eines neuen Lebenspartners, falls der Unterhaltspflichtige eine neue Lebenspartnerschaft eingeht (§ 16 Absatz 2 LPartG).

Erbrecht

Neben eigenen oder adoptierten Kindern erbt überlebender Lebenspartner ein Viertel

Gemäß § 10 LPartG erbt der überlebende Lebenspartner neben den eigenen oder adoptieren Kindern des Verstorbenen zu einem Viertel, neben den Eltern und Geschwistern oder Großeltern des verstorbenen Lebenspartners zur Hälfte der Erbschaft. Zusätzlich stehen ihm die zum lebenspartnerschaftlichen Haushalt gehörenden Gegenstände zu, soweit sie nicht Zubehör eines Grundstücks sind, und die Geschenke, die beide anlässlich der Eintragung der Lebenspartnerschaft erhalten haben. Sind allerdings Kinder des Verstorbenen Miterben, dann erbt der überlebende Lebenspartner diese Geschenke nur, wenn er sie zur Führung eines angemessenen Haushalts benötigt. Sind keine anderen der zuvor genannten Verwandten als Erben vorhanden, erhält der überlebende Lebenspartner die gesamte Erbschaft.

Das Erbrecht des überlebenden Lebenspartners ist ausgeschlossen, wenn beim Tod des Erblassers

- die Voraussetzungen für die Aufhebung der Lebenspartnerschaft gegeben waren und der Erblasser die Aufhebung beantragt oder ihr zugestimmt hatte oder
- der Erblasser einen Antrag auf Aufhebung der Lebenspartnerschaft aus Härtegründen (§ 15 Absatz 2 Nr. 3 LPartG) gestellt hatte und dieser Antrag begründet war.

Hat der Erblasser den überlebenden Lebenspartner durch Verfügung von Todes wegen von der Erbfolge ausgeschlossen, kann dieser von den Erben den so genannten Pflichtteil verlangen.

Pflichtteil bei Enterbung

Testament

Gemäß § 10 LPartG wird durch die Lebenspartnerschaft ein gesetzliches Erbrecht zwischen den Lebenspartnern begründet, das dem zwischen Ehegatten entspricht. Es können auch hier Pflichtteilsansprüche entstehen. Das Erbrecht des anderen Lebenspartners beeinträchtigt mittelbar den Erbanspruch eventueller Kinder eines Lebenspartners. Ihr Anteil am Erbe ihres leiblichen Elternteils vermindert sich entsprechend. Verstirbt der leibliche Elternteil einer Lebenspartnerschaft zuerst, dann geht der Teil seines Vermögens, der von dem anderen Lebenspartner geerbt wurde, nach dessen Tod nicht auf das Kind über, sondern auf dessen leibliche Verwandte.

Durch Testament oder Erbvertrag kann von gesetzlicher Erbfolge abgewichen werden

Um das zu vermeiden, können so genannte Regenbogenfamilien per Testament oder Erbvertrag eine von der gesetzlichen Regelung abweichende Erbfolge bestimmen. Die Partner einer Eingetragenen Lebenspartnerschaft können – wie Eheleute – ein gemeinschaftliches Testament errichten.

> **Tipp**
>
> Ausführliche Informationen zum Erbrecht bietet der Ratgeber »Nachlassplanung« (204 Seiten, 9,80 Euro), den Sie bei allen Verbraucherzentralen erhalten (vgl. Seite 142).

Muster für Lebenspartnerschaftsverträge

Ebenso wie Ehepartner können die Partner einer Eingetragenen Lebenspartnerschaft ihre Vermögensverhältnisse abweichend von dem gesetzlich vorgesehenen Güterstand der Zugewinngemeinschaft (§ 6 LPartG) individuell durch einen notariellen Lebenspartnerschaftsvertrag regeln. Zu den wichtigsten Bereichen, die in einem Lebenspartnerschaftsvertrag abgehandelt werden können, gehören unter anderem

- die Vereinbarung eines anderen Güterstandes als die Zugewinngemeinschaft (z.B. Gütertrennung oder modifizierte Zugewinngemeinschaft),
- der Verzicht auf nachpartnerschaftlichen Unterhalt sowie
- der Ausschluss der gesetzlichen Verfügungsbeschränkungen des Lebenspartners.

Nachfolgend sind beispielhaft zwei verschiedene Lebenspartnerschaftsverträge abgedruckt, um die unterschiedlichen Regelungsbedürfnisse ein wenig zu verdeutlichen. Das erste Beispiel umfasst Gütertrennung und Unterhaltsverzicht, das zweite Unterhaltsverzicht und einen modifizierten Zugewinnausgleich für den Fall des Todes.

Beide Vertragsmuster sollen lediglich veranschaulichen und können nicht ohne weiteres auf einen konkreten Fall übertragen werden. Statt dessen wird dringend geraten, dass sich beide Partner vor Abschluss eines Lebenspartnerschaftsvertrages entweder bei einem Anwalt oder bei einem Notar eingehend juristisch beraten lassen.

Achtung!

Vor einer Übernahme von Verträgen ohne Einholung von juristischem Rat wird dringend gewarnt, da persönliche Besonderheiten hier nicht berücksichtigt werden können. Jegliche Gewähr für Richtigkeit und Vollständigkeit der folgenden Musterverträge wird von Autorin und Verlag ausgeschlossen.

URNr. _____ /20___

Lebenspartnerschaftsvertrag

Verhandelt zu _____ am _____.
Vor mir, dem Notar _____,
mit dem Amtssitz in _____, erschienen heute:

1.) Herr _____,
geboren am _____ in _____,
– ausgewiesen durch gültigen Personalausweis,
nach Angabe ledig.

2.) Herr _____,
geboren am _____ in _____,
– ausgewiesen durch gültigen Personalausweis,
nach Angabe ledig.

Die Erschienenen erklären gemeinsam zu meinem Protokoll:

Wir beabsichtigen, am _____ vor _____ [zuständige Stelle] in _____ miteinander eine Eingetragene Lebenspartnerschaft zu begründen. Einen Ehevertrag oder einen Lebenspartnerschaftsvertrag nach dem Lebenspartnerschaftsgesetz haben wir in der Vergangenheit bisher nicht geschlossen. Wir sind beide deutsche Staatsangehörige. Wir sind nicht durch eine bestehende Ehe oder Eingetragene Lebenspartnerschaft an der Begründung einer Eingetragenen Lebenspartnerschaft zwischen uns gehindert. Für unsere Eingetragene Lebenspartnerschaft soll folgender Vertrag geschlossen werden:

§ 1 Güterstand

Abweichend von dem nach dem Lebenspartnerschaftsgesetz geltenden gesetzlichen Güterstand der Zugewinngemeinschaft vereinbaren wir hierdurch den Güterstand der Gütertrennung.

§ 2 Verfügungsbeschränkungen

Wir vereinbaren den Ausschluss der gesetzlichen Verfügungsbeschränkungen des Lebenspartners, das heißt, jeder von uns ist während der Dauer unserer Lebenspartnerschaft berechtigt, über das ihm gehörende Vermögen, auch über sein Vermögen im Ganzen und die ihm gehörenden Gegenstände des lebenspartnerschaftlichen Haushalts frei und ohne Zustimmung des anderen Lebenspartners zu verfügen oder sich zu solchen Verfügungen zu verpflichten.

§ 3 Unterhalt

(1) Wir verzichten wechselseitig auf Unterhalt für die Zeit nach einer etwaigen Aufhebung unserer Eingetragenen Lebenspartnerschaft. Dieser Verzicht gilt vorbehaltlos, unabhängig von unserer künftigen wirtschaftlichen Entwicklung auch für den Fall der Not, veränderter Umstände und Änderung der Gesetzeslage.

(2) Wir nehmen diese Verzichtserklärungen wechselseitig an.

§ 4 Schlussbestimmungen

(1) Sollten einzelne Bestimmungen dieses Vertrages unwirksam sein oder werden, so sollen die übrigen Bestimmungen hiervon unberührt bleiben. Dies gilt auch für eine Regelungslücke.

(2) Der Notar hat uns auf die rechtlichen Folgen dieses Vertrages hingewiesen, insbesondere darauf, dass

1. der Lebenspartnerschaftsvertrag erst mit der Begründung der Lebenspartnerschaft wirksam wird;

2. die allgemeinen vermögensrechtlichen Wirkungen der Lebenspartnerschaft durch diesen Vertrag nicht berührt werden und dass insbesondere die gegenseitigen Unterhaltspflichten für die Zeit des Bestehens der Lebenspartnerschaft, einschließlich der Zeit des Getrenntlebens, unbeschränkt bestehen bleiben;

3. die Änderung des Güterstandes jederzeit durch notariellen Vertrag und der Ausschluss des Unterhalts jederzeit durch privatschriftliche Vereinbarung zwischen uns beiden wieder aufgehoben werden können;

4. im Fall der Aufhebung unserer Lebenspartnerschaft durch Urteil oder durch Tod ein Zugewinnausgleich nicht stattfindet;

5. beim Tode eines der Lebenspartner der andere Lebenspartner kein Anrecht auf die Erhöhung des gesetzlichen Erbteils hat (§ 1371 BGB).

(3) Die Kosten dieses Vertrages tragen wir beide je zur Hälfte.

[Ort, Datum, Unterschriften]

URNr. _____ /20___

Lebenspartnerschaftsvertrag

Verhandelt zu _____ am _____ .

Vor mir, dem Notar _____ ,

mit dem Amtssitz in _____ , erschienen heute:

1.) Frau _____ , geborene _____ ,

geboren am _____ in _____ , ⟶

– ausgewiesen durch gültigen Personalausweis,
nach Angabe rechtskräftig geschieden.

2.) Frau _____,
geboren am _____ in _____,
– ausgewiesen durch gültigen Personalausweis,
nach Angabe ledig.

Die Erschienenen erklären gemeinsam zu meinem Protokoll:

Wir beabsichtigen, am _____ vor _____ [zuständige Stelle] in _____ miteinander eine Eingetragene Lebenspartnerschaft zu begründen. Einen Ehevertrag oder einen Lebenspartnerschaftsvertrag nach dem Lebenspartnerschaftsgesetz haben wir in der Vergangenheit bisher nicht geschlossen. Wir sind beide deutsche Staatsangehörige. Wir sind nicht durch eine bestehende Ehe oder Eingetragene Lebenspartnerschaft an der Begründung einer Eingetragenen Lebenspartnerschaft zwischen uns gehindert. Für unsere Eingetragene Lebenspartnerschaft soll folgender Vertrag geschlossen werden:

§ 1 Güterstand

Für unsere Lebenspartnerschaft soll grundsätzlich der Güterstand der Zugewinngemeinschaft gelten. Wir vereinbaren von diesem Güterstand jedoch folgende Abweichungen:

(1) für den Fall, dass unsere Eingetragene Lebenspartnerschaft durch den Tod einer von uns endet, soll es uneingeschränkt zu dem gesetzlichen Ausgleich des Zugewinns kommen.

(2) für den Fall der rechtskräftigen Aufhebung unserer Eingetragenen Lebenspartnerschaft, gleichgültig welche Umstände zu dieser Aufhebung geführt haben, schließen wir den gesetzlichen Anspruch auf Zugewinnausgleich hiermit in vollem Umfang aus, und zwar ab Beginn der Begründung der Eingetragenen Lebenspartnerschaft.

§ 2 Verfügungsbeschränkungen

Wir vereinbaren den Ausschluss der gesetzlichen Verfügungsbeschränkungen des Lebenspartners, das heißt, jede von uns ist während der Dauer unserer Lebenspartnerschaft berechtigt, über das ihr gehörende Vermögen, auch über ihr Vermögen im Ganzen und die ihr gehörenden Gegenstände des lebenspartnerschaftlichen Haushalts, frei und ohne Zustimmung der anderen Lebenspartnerin zu verfügen oder sich zu solchen Verfügungen zu verpflichten.

§ 3 Unterhalt

(1) Wir verzichten wechselseitig auf Unterhalt für die Zeit nach einer etwaigen Aufhebung unserer Eingetragenen Lebenspartnerschaft, und zwar vorbehaltlos, unabhängig von unserer künftigen wirtschaftlichen Entwicklung sowie für den Fall der Not, veränderter Umstände und Änderung der Gesetzeslage.

(2) Wir nehmen diese Verzichtserklärungen wechselseitig an.

§ 4 Schlussbestimmungen

(1) Sollten einzelne Bestimmungen dieses Vertrages unwirksam sein oder werden, so sollen die übrigen Bestimmungen hiervon unberührt bleiben. Dies gilt auch für eine Regelungslücke.

(2) Der Notar hat uns auf die rechtlichen Folgen dieses Vertrages hingewiesen, insbesondere darauf, dass

1. der Lebenspartnerschaftsvertrag erst mit der Begründung der Lebenspartnerschaft wirksam wird;
2. die allgemeinen vermögensrechtlichen Wirkungen der Lebenspartnerschaft durch diesen Vertrag nicht berührt werden und dass insbesondere die gegenseitigen Unterhaltspflichten für die Zeit des Bestehens der Lebenspartnerschaft, einschließlich der Zeit des Getrenntlebens, unbeschränkt bestehen bleiben;
3. die Änderung des Güterstandes jederzeit durch notariellen Vertrag und der Ausschluss des Unterhalts jederzeit durch privatschriftliche Vereinbarung zwischen uns beiden wieder aufgehoben werden können;
4. im Fall der Aufhebung unserer Lebenspartnerschaft durch Urteil oder durch Tod ein Zugewinnausgleich nicht stattfindet;
5. beim Tode eines der Lebenspartner der andere Lebenspartner kein Anrecht auf die Erhöhung des gesetzlichen Erbteils hat (§ 1371 BGB).

(3) Die Kosten dieses Vertrages tragen wir beide je zur Hälfte.

[Ort, Datum, Unterschriften]

Anhang

Adressen

Familienberatungsstellen, bundesweite Organisationen

**ISUV/VDU e. V.
Interessenverband Unterhalt und Familienrecht**

– Bundesgeschäftsstelle –
Postfach 21 01 07
90119 Nürnberg

Telefon 09 11/55 04 78
(Mo bis Fr 8 bis 12.30 Uhr)

Bundesarbeitsgemeinschaft für Familienmediation (BAFM)

Eisenacher Straße 1
10777 Berlin

Telefon 0 30/23 62 82 66
(Di 10 bis 17 Uhr)
Telefax 0 30/21 41 17 57

Anwaltsuchdienste

Über diese Organisationen können Sie die Adressen von Rechtsanwältinnen und Rechtsanwälten auch in Ihrer Nähe erhalten.

Deutscher Anwaltverein

Littenstraße 11
10179 Berlin

Telefon 0 30/ 72 61 52-0
Telefax 0 30/72 61 52-190
telefonische Auskunft:
0 18 05/18 18 05
www.anwaltauskunft.de

Anwalt-Suchservice

www.anwalt-suchservice.de
telefonische Auskunft:
0 18 05/25 45 55

Notarkammern

Notarkammer Baden-Württemberg

Königstraße 21
70173 Stuttgart

Telefon 07 11/29 19 34
Telefax 07 11/2 26 58 02

Landesnotarkammer Bayern

Ottostraße 10
80333 München

Telefon 0 89/55 16 60
Telefax 0 89/55 16 62 34

Notarkammer Berlin

Littenstraße 10
10719 Berlin

Telefon 0 30/24 62 90-0

Notarkammer Brandenburg

Dortustraße 71
14467 Potsdam

Telefon 03 31/2 80 37 02
Telefax 03 31/2 80 37 05

Notarkammer Braunschweig

Am Bruchtorwall 12
38100 Braunschweig

Telefon 05 31/1 23 34 80
Telefax 05 31/1 23 34 85

Bremer Notarkammer

Knochenhauerstraße 36/37
28195 Bremen

Telefon 04 21/16 89 7-0
Telefax 04 21/16 89 7-20

Notarkammer Celle

Riemannstraße 15
29225 Celle

Telefon 0 51 41/94 94-0
Telefax 0 51 41/94 94 94

Notarkammer Frankfurt am Main

Bockenheimer Anlage 36
60322 Frankfurt

Telefon 0 69/17 00 98 02
Telefax 0 69/17 00 98 25

Hamburgische Notarkammer

Große Theaterstraße 7
20345 Hamburg

Telefon 0 40/3 55 21 44
Telefax 0 40/35 52 14 50

Westfälische Notarkammer

Ostenallee 18
59063 Hamm

Telefon 0 23 81/9 69 59-0
Telefax 0 23 81/98 50 51

Notarkammer Kassel

Karthäuserstraße 5a
34117 Kassel

Telefon 05 61/1 20 21
Telefax 05 61/1 20 27

Notarkammer Koblenz

Hohenzollernstraße 18
56068 Koblenz

Telefon 02 61/91 58 80
Telefax 02 61/9 15 88 20

Notarkammer Mecklenburg-Vorpommern

Weinbergstraße 17
19061 Schwerin

Telefon 03 85/5 81 25 75
Telefax 03 85/5 81 25 74

Notarkammer Oldenburg

Staugraben 5
26122 Oldenburg

Telefon 04 41/92 54 30
Telefax 04 41/9 25 43 29

Notarkammer Pfalz

Bahnhofstraße 36
67227 Frankenthal/Pfalz

Telefon 0 62 33/32 61 12
Telefax 0 62 33/32 61 13

Rheinische Notarkammer

Burgmauer 53
50667 Köln

Telefon 02 21/2 57 52 91
Telefax 02 21/2 57 53 10

Saarländische Notarkammer

Am Rondell 3
66424 Homburg

Telefon 0 68 41/9 31 20
Telefax 0 68 41/93 12 31

Notarkammer Sachsen

Königstraße 23
01097 Dresden

Telefon 03 51/80 72 70
Telefax 03 51/8 07 27 50

Notarkammer Sachsen-Anhalt

Winckelmannstraße 24
39108 Magdeburg

Telefon 03 91/5 68 97-0
Telefax 03 91/5 68 97-20

Schleswig-Holsteinische Notarkammer

Gottorfstraße 13
24837 Schleswig

Telefon 0 46 21/9 39 10
Telefax 0 46 21/93 91 26

Notarkammer Thüringen

Schlösserstraße 8
99084 Erfurt

Telefon 03 61/55 50 40
Telefax 03 61/5 55 04 44

Rechtsanwaltskammern

Rechtsanwaltskammer Bamberg

Friedrichstraße 7
96047 Bamberg

Telefon 09 51/9 86 20-0
Telefax 09 51/20 35 03

E-Mail: info@rakba.de

Rechtsanwaltskammer Berlin

Littenstraße 9
10179 Berlin

Telefon 0 30/30 69 31-0
Telefax 0 30/30 69 31-99

E-Mail: info@rak-berlin.de

Brandenburgische Rechtsanwaltskammer

Grillendamm 2
14776 Brandenburg an der Havel

Telefon 0 33 81/25 33-0
Telefax 0 33 81/25 33-23

E-Mail: info@rak-brb.de

Rechtsanwaltskammer für den Oberlandesgerichtsbezirk Braunschweig

Bruchtorwall 12
38100 Braunschweig

Telefon 05 31/12 33 50
Telefax 05 31/1 23 35 66

E-Mail: info@rak-braunschweig.de

Hanseatische Rechtsanwaltskammer Bremen

Knochenhauerstraße 36/37
28195 Bremen

Telefon 04 21/1 68 97-0
Telefax 04 21/1 68 97-20

E-Mail: kontakt@rak-bremen.de

Rechtsanwaltskammer für den Oberlandesgerichtsbezirk Celle

Bahnhofstraße 5
29221 Celle

Telefon 0 51 41/92 82-0
Telefax 0 51 41/92 82-42

E-Mail: info@rakcelle.de

Rechtsanwaltskammer Düsseldorf

Freiligrathstraße 25
40479 Düsseldorf

Telefon 02 11/4 95 02-0
Telefax 02 11/4 95 02-28

E-Mail: info@rechtsanwaltskammer-duesseldorf.de

Rechtsanwaltskammer Frankfurt

Bockenheimer Anlage 36
60322 Frankfurt

Telefon 0 69/17 00 98 01
Telefax 0 69/17 00 98 50 (oder -51)

E-Mail: info@rechtsanwaltskammer-ffm.de

Adressen

Rechtsanwaltskammer Freiburg

Gartenstraße 21
79098 Freiburg im Breisgau

Telefon 07 61/3 25 63
Telefax 07 61/28 62 61

E-Mail: info@rak-freiburg.de

Hanseatische Rechtsanwaltskammer Hamburg

Bleichenbrücke 9
20354 Hamburg

Telefon 0 40/35 74 41-0
Telefax 0 40/35 74 41-41

E-Mail: info@rechtsanwalts
kammerhamburg.de

Rechtsanwaltskammer für den Oberlandesgerichtsbezirk Hamm

Ostenallee 18
59063 Hamm

Telefon 0 23 81/98 50-00
Telefax 0 23 81/98 50-50

E-Mail: info@rak-hamm.de

Rechtsanwaltskammer Karlsruhe

Reinhold-Frank-Straße 72
76133 Karlsruhe

Telefon 07 21/2 53 40
Telefax 07 21/2 66 27

E-Mail: info@rak-karlsruhe.de

Rechtsanwaltskammer Kassel

Karthäuserstraße 5a
34117 Kassel

Telefon 05 61/1 20-21
Telefax 05 61/1 20-27

E-Mail: rak@rechtsanwalts
kammer-kassel.de

Rechtsanwaltskammer Koblenz

Rheinstraße 24
56068 Koblenz

Telefon 02 61/3 03 35-0
Telefax 02 61/3 03 35-22 (oder -66)

E-Mail: info@rakko.de

Rechtsanwaltskammer Köln

Riehler Straße 30
50668 Köln

Telefon 02 21/97 30 10-0
Telefax 02 21/97 30 10-50 (oder -55)

E-Mail: kontakt@rak-koeln.de

Rechtsanwaltskammer Mecklenburg-Vorpommern

Bornhövedstraße 12
19055 Schwerin

Telefon 03 85/5 57 43-85
Telefax 03 85/5 57 43-88

E-Mail: kontakt@rak-mv.de

Rechtsanwaltskammer für den Oberlandesgerichtsbezirk München

Tal 33
80331 München

Telefon 0 89/53 29 44-0
Telefax 0 89/53 29 44-28

E-Mail: info@rak-muenchen.de

Rechtsanwaltskammer Nürnberg

Fürther Straße 115
90429 Nürnberg

Telefon 09 11/9 26 33-0
Telefax 09 11/9 26 33-33

E-Mail: info@rak-nbg.de

Rechtsanwaltskammer für den Oberlandesgerichtsbezirk Oldenburg

Staugraben 5
26122 Oldenburg

Telefon 04 41/9 25 43-0
Telefax 04 41/9 25 43-29

E-Mail: info@rak-oldenburg.de

Rechtsanwaltskammer des Saarlandes

Am Schlossberg 5
66119 Saarbrücken

Telefon 06 81/58 82 80
Telefax 06 81/58 10 47

E-Mail: zentrale@rak-saar.de

Rechtsanwaltskammer Sachsen

Glacisstraße 6
01099 Dresden

Telefon 03 51/31 85 90
Telefax 03 51/3 36 08 99

E-Mail: info@rak-sachsen.de

Rechtsanwaltskammer des Landes Sachsen-Anhalt

Gerhart-Hauptmann-Straße 5
39108 Magdeburg

Telefon 03 91/2 52 72-10 (oder -11)
Telefax 03 91/2 52 72-03

E-Mail: info@rak-sachsen-anhalt.de

Schleswig-Holsteinische Rechtsanwaltskammer

Gottorfstraße 13
24837 Schleswig

Telefon 0 46 21/93 91-0
Telefax 0 46 21/93 91-26

E-Mail: info@rak-sh.de

Rechtsanwaltskammer Stuttgart

Werastraße 23
70182 Stuttgart

Telefon 07 11/24 64 66
Telefax 07 11/24 63 96

E-Mail: info@rak-stuttgart.de

Rechtsanwaltskammer Thüringen

Bahnhofstraße 27
99084 Erfurt

Telefon 03 61/6 54 88-0
Telefax 03 61/6 54 88-20

E-Mail: info@rak-thueringen.de

Rechtsanwaltskammer Tübingen

Christophstraße 30
72072 Tübingen

Telefon 0 70 71/7 93 69 10
Telefax 0 70 71/7 93 69 11

E-Mail: info@rak-tuebingen.de

Pfälzische Rechtsanwaltskammer Zweibrücken

Landauer Straße 17
66482 Zweibrücken

Telefon 0 63 32/8 00 30
Telefax 0 63 32/80 03 19

E-Mail: zentrale@rak-zw.de

Bundessteuerberaterkammer

Es gibt eine große Anzahl von Steuerberatern in jeder Stadt. Wenn Sie noch nicht mit einem Steuerberater zusammenarbeiten und einen suchen, ist das Branchenverzeichnis zu empfehlen.

Bei Fragen von übergeordnetem Interesse wenden Sie sich bitte an folgende Adresse:

Bundessteuerberaterkammer Körperschaft des öffentlichen Rechts

Dechenstraße 14
53115 Bonn

Telefon 02 28/72 63 90

Verbraucherzentralen

Verbraucherzentrale Baden-Württemberg e. V.

Paulinenstraße 47
70178 Stuttgart

Telefon 07 11/66 91-10
Telefax 07 11/66 91-50

www.verbraucherzentrale-bawue.de

Verbraucherzentrale Bayern e. V.

Mozartstraße 9
80336 München

Telefon 0 89/5 39 87-0
Telefax 0 89/53 75 53

www.verbraucherzentrale-bayern.de

Verbraucherzentrale Berlin e. V.

Bayreuther Straße 40
10787 Berlin

Telefon 0 30/2 14 85-0
Telefax 0 30/2 11 72 01

www.verbraucherzentrale-berlin.de

Verbraucherzentrale Brandenburg e. V.

Templiner Straße 21
14473 Potsdam

Telefon 03 31/2 98 71-0
Telefax 03 31/2 98 71-77

www.vzb.de

Verbraucherzentrale des Landes Bremen e. V.

Altenweg 4
28195 Bremen

Telefon 04 21/1 60 77-7
Telefax 04 21/1 60 77 80

www.verbraucherzentrale-bremen.de

Verbraucherzentrale Hamburg e. V.

Kirchenallee 22
20099 Hamburg

Telefon 0 40/2 48 32-0
Telefax 0 40/2 48 32-2 90

www.vzhh.de

Verbraucherzentrale Hessen e. V.

Große Friedberger Straße 13–17
60313 Frankfurt am Main

Telefon 0 69/97 20 10-0
Telefax 0 69/97 20 10-50

www.verbraucher-zentrale-hessen.de

Neue Verbraucherzentrale in Mecklenburg-Vorpommern e. V.

Strandstraße 98
18055 Rostock

Telefon 03 81/2 08 70 50
Telefax 03 81/2 08 70 30

www.nvzmv.de

Verbraucherzentrale Niedersachsen e. V.

Herrenstraße 14
30159 Hannover

Telefon 05 11/9 11 96-0
Telefax 05 11/9 11 96-10

www.verbraucherzentrale-niedersachsen.de

Verbraucherzentrale Nordrhein-Westfalen e. V.

Mintropstraße 27
40215 Düsseldorf

Telefon 02 11/38 09-0
Telefax 02 11/38 09-1 72

www.verbraucherzentrale-nrw.de

Verbraucherzentrale Rheinland-Pfalz e. V.

Ludwigstraße 6
55116 Mainz

Telefon 0 61 31/28 48-0
Telefax 0 61 31/28 48-66

www.verbraucherzentrale-rlp.de

Verbraucherzentrale des Saarlandes e. V.

Trierer Straße 22
66111 Saarbrücken

Telefon 06 81/5 00 89-0
Telefax 06 81/5 88 09 22

www.vz-saar.de

Verbraucherzentrale Sachsen e. V.

Brühl 34–38
04109 Leipzig

Telefon 03 41/6 88 80 80
Telefax 03 41/6 89 28 26

vvww.verbraucherzentrale-sachsen.de

Verbraucherzentrale Sachsen-Anhalt e. V.

Steinbockgasse 1
06108 Halle

Telefon 03 45/2 98 03-29
Telefax 03 45/2 98 03-26

www.vzsa.de

Verbraucherzentrale Schleswig-Holstein e. V.

Bergstraße 24
24103 Kiel

Telefon 04 31/5 90 99-0
Telefax 04 31/5 90 99-77

www.verbraucherzentrale-sh.de

Verbraucherzentrale Thüringen e. V.

Eugen-Richter-Straße 45
99085 Erfurt

Telefon 03 61/5 55 14-0
Telefax 03 61/5 55 14-40

www.vzth.de

Verbraucherzentrale Bundesverband

Markgrafenstraße 66
10969 Berlin

Telefon 0 30/2 58 00-0
Telefax 0 30/2 58 00-2 18

www.vzbv.de

Stichwortverzeichnis

A

Abfindung 17, 38, 96 f., 101, 104
Absicherung durch Vormerkung 25
Altersvorsorge 34, 36 f., 81, 97 f., 117
Anfangsvermögen 15 ff., 65
- negatives ~ 63 f.
- Verzeichnis des ~s 17

Anfechtungsrecht 50
Anrechnungsmethode 56
Anstandsgeschenke 18 f.
Aufstockungsunterhalt 31 f., 36
Auskunftsklage 19
Auskunftspflicht 19, 121
Ausstattung 16
Aussteuer 16
Ausübungskontrolle 41

B

Bankvollmacht 108 f.
Betreuungsunterhalt 29 f.

D

Differenzmethode 56
Düsseldorfer Tabelle 81

E

ehebezogene Zuwendungen 16
Ehefähigkeitszeugnis 71 f.
Ehegattenunterhalt 28 ff., 33 f., 81
eheliche Lebensgemeinschaft 10
Eherecht 9 ff.
- islamisches ~ 73 f.

Ehevertrag 43 ff.
- Anpassung wegen Kindererziehung 51
- bei größerer Erbschaft 67 ff.
- für berufstätige Partner mit Kinderwunsch 51 ff.
- für berufstätige Partner ohne Kinderwunsch 46 ff.
- für geschiedene Partner mit Kindern aus früheren Ehen 75 ff.
- für Heirat mit ausländischem Partner 70 ff.
- für Heirat mit muslimischem Partner 70 ff.
- für Heirat mit vermögendem Partner 58 ff.
- für Heirat mit verschuldetem Partner 63 ff.
- für scheidungswilliges Paar 79 ff.
- für Selbstständige 54 ff.
- Geltungsdauer 45
- Inhaltskontrolle 40 f.
- Kosten 45
- nachträgliche Korrektur 37
- notarielle Beurkundung 44 f.
- notwendige Unterlagen 44, 71
- sittenwidriger ~ 25, 28, 37

eidesstattliche Erklärung 71 f.
Eigentum *siehe auch* Immobilie
- gemeinsames ~ 13, 118
- ~svermutung 24, 65
- in Gütergemeinschaft 26 f.
- Grundsatz der Vermögenstrennung 15
- Nachweis 65, 77, 94, 99, 103
- Schutz von Firmen~ 56 ff.
- Übertragung des Nutzungsrechts 66, 69 f., 78 f.

Eingetragene Partnerschaft 112 ff.
- Aufhebung 116 ff.
- Begründung 112 ff.
- Haushaltsführung 115
- Rechtswirkungen 113
- Unterhalt 113, 120 ff.
- Vermögensrecht 114
- Vertragsmuster 124 ff.
- Voraussetzungen 112 f

Elementarunterhalt 81
elterliche Sorge 82, 90 f., 115 f.
Endvermögen 17 ff.
- Verzeichnis des ~s 18 f.

Erbrecht 22 ff., 75 ff., 88 f., 104 f., 122 f.
- ~liche Verfügungen 50, 65 ff., 69 ff., 77 f., 82 f.

Erbschaft 22 f., 67 ff.
Erbvertrag 47 ff., 64 ff., 68 ff., 104 f.
Erwerbstätigkeit 11

F

Familienunterhalt 12
Firma
- gemeinsame ~ 96 f., 118 f.
- Mitarbeit in ~ des Partners 11, 19, 98
- Schutz der ~ vor Scheidungsfolgen 54 ff.
- Schutz vor Insolvenz der ~ 25

G

gegenseitige Geschenke 18
gemeinsame Immobilie *siehe* Immobilie
gemeinsamer Wohnsitz 10, 66, 69, 72
gemeinsame Wohnung 80 f., 94 ff., 100, 103 f., 118 f.
gemeinsames Eigentum 13, 26, 118
gemeinsames Kind 29 f., 51, 82
Generalvollmacht 106
Gesamtgut 26
Gesamtunterhalt 81
Geschäfte zur Deckung des Lebensbedarfs 15
Geschenke 17 f., 101, 122
- Anstands~ 18 f.
- gegenseitige ~ 18
- Hochzeits~ 13
Geschiedenenrente 36 f., 75
Getrenntlebenunterhalt 36, 122
grobe Unbilligkeit 33 f.
Gütergemeinschaft 26 f.
Güterrecht 14
- ~sregister 25, 77, 80
Güterstand 14 ff.
- modifizierter 27 f., 47, 52 f., 56, 59 f., 65, 69 f., 127
- Wahl- 27
Gütertrennung 24 ff., 40, 73, 77, 80, 125
- Ausschluss Versorgungsausgleich 24
- gemeinsame Immobilie 25
- Wertausgleich 19

H

Haftung 15, 17, 101 f., 114
- des Notars 105
- für Mietrückstand 95
Haushaltsführung 10 f., 90, 99 f., 115
Haushaltsgeld 11
Hausrat 13, 80, 92 f., 103, 119 f.
- Mitbesitzer oder Miteigentümer? 13
Heiratsgeld 73
Hochzeitsgeschenk 13

I

Immobilie 20 f.
- als Kompensation 37
- bei Gütertrennung 25
- gemeinsame ~ 44, 95 f.
- im Partnerschaftsvertrag 88 f.
- im Vermögensverzeichnis 18
- Unterlagen für Ehevertrag 44
- von Eingetragenen Lebenspartnern 118 f.
- Wertsteigerung bei Zugewinngemeinschaft 67
- Wohnrecht für Partner in ~ 78 f.
- Übertragung des Nutzungsrechts an ~ 66, 69 f.
Inhaltskontrolle 40 f., 47
islamisches Eherecht 73 f.

K

Kappungsgrenze 55 f.
Kind
- aus früherer Ehe 12, 23, 75 ff.
- erbrechtliche Berücksichtigung 65 ff., 77 f., 104 f., 122 f
- ~ergeld 81 f.
- ~esunterhalt 35, 81 f.
- gemeinsames ~ 27 ff., 51 ff., 82
- Grund für nachträgliche Korrektur von Ehevertrag 37
- in Eingetragenen Partnerschaften 115 f.
- Pflege~ 33
- Regelung des Sorgerechts 74, 82, 90 f.
- Unterhaltsverzicht 37 f., 56, 60
- von nicht verheirateten Paaren 101

L

Lebensgemeinschaft 10
- ohne Trauschein 86

Lebenspartnerschaftgesetz (LPartG) 112

M

Mahr 73
Mietverhältnis 94 f.
Mitgift 16
modifizierter Güterstand 27 f., 47, 52 f., 56, 59 f., 65, 69 f., 127
Morgengabe 73

N

nachehelicher Unterhalt 33 ff., 53 f., 55 ff., 73, 78, 81
- kann trotz gemeinsamem Kind u.U. gekürzt werden 34 f.

nicht verheiratete Paare
- Checkliste für Partnerschaftsvertrag 89
- formlose Vereinbarung 90
- Nachteile gegenüber Verheirateten 87 f.

Nießbrauch 66 f., 69

P

Partnerschaftsvertrag 86 ff., 125 ff.
- Checkliste 89 f.
- Formvorschriften 90
- Muster 98 ff.

Pflegekind 33
Pflicht
- zur Arbeitsaufnahme 32, 120
- zur Rücksichtnahme 11

Pflichtteil 23, 50
- kleiner 23
- ~sverzicht 57, 65, 69, 75, 78, 82

Pkw 13, 80, 101
- Anrechnung auf Anfangsvermögen 19

Postvollmacht 109

Q

Quasi-Supersplitting 53

R

Rechtshängigkeit der Scheidung 19
Rollenverteilung in der Ehe 11
Rücksichtnahme, Pflicht zur 11
Rückzahlungsanspruch 92

S

salvatorische Klausel 62
Scheidungsfolgenvereinbarung 79 ff.
Schenkung *siehe* Geschenk bzw. Zuwendung
Schlüsselgewalt 15
Schulden 15 ff., 20 f., 24 f., 63 ff., 93, 101
- ~anrechnung 17

Schuldprinzip 35
Selbstbehalt 122
sittenwidriger Ehevertrag 25, 27, 37
Sonderbedarf 56
Sondergut 26
Sorgerecht *siehe* elterliche Sorge
- kleines ~ 115

Sorgfalt 102, 113
Stiefkindadoption 116
Supersplitting 53

T

Taschengeldanspruch des Partners 13, 115
Teilungsvereinbarung 93 f.
Testament 50, 65 f., 87, 90, 96, 104 f., 123
Trennungsvereinbarung 102 ff.
Treu und Glauben 37

U

Unbilligkeit 33 f.
Unterhalt 44
- Aufstockungs~ 31 f., 38
- aus Billigkeitsgründen 33, 120 f.
- Berechnung der Höhe 33 f., 81 f.
- Betreuungs~ 29
- Ehegatten~ 28 ff., 33 f., 81
- Elementar~ 81
- Familien~ 12
- für Ausbildung, Fortbildung, Umschulung 32
- Gesamt~ 81
- Getrenntleben~ 36 f., 122
- grobe Unbilligkeit 34 f., 120 f.

- Hausmann 34
- Höchstbetrag vereinbaren 48
- Kindes~ 37, 81 f.
- Kürzung wegen Wochenendpartnerschaft 36
- nacheheliche Loyalität 35
- nachehelicher ~ 33 ff., 53 f., 55 ff., 73, 78, 81
- Versagensgründe 34 f.
- Verzicht auf ~ 37, 48 f., 56 f., 60 f., 73
- Vorsorge~ 81
- wegen Alters 30, 120 f.
- wegen Erwerbslosigkeit 31 f., 121
- wegen Krankheit 30 f.
- Wiederverheiratung 36

V

Verfügungs- und Belastungsverbot 25
Verfügungsbeschränkung 27, 48, 125, 127
Vermögenstrennung 15
Versorgungsausgleich 38 ff., 53, 77 f.
- bei extrem langer Trennung 39
- Modifikation 61
- notarielle Beurkundung 39
- Regelung von Härten 49
- unwirksame Vereinbarungen 39 f.
- Verzicht auf ~ 49, 57, 73
Vollmacht 88, 98 f., 101, 106 ff.
- Bank~ 108 f.
- bei Krankheit 107
- bei Tod 108
- General~ 106
- Post~ 109
Vorbehaltsgut 26
Vorsorgeunterhalt 81

W

Wahlgüterstand 27
Wertausgleich bei Gütertrennung 19
Wertsicherung 48
Wirksamkeitskontrolle 41
Wohnsitz, gemeinsamer 10, 66, 69, 80 f., 94 ff., 100, 103 f.
Wohnung, gemeinsame 80 f., 94 ff., 100, 103 f., 118 f.
Wohnungsrecht 66, 78 f.

Z

Zugewinn 15
- Berechnungsbeispiel 63
Zugewinnausgleich 19 ff.
- gemeinsame Immobilie 20 f.
- im Todesfall 22 f.
- vorzeitiger ~ 14
- wegen grober Unbilligkeit 21 f.
Zugewinngemeinschaft 14 ff.
Zuwendungen 48, 80, 101
- ehebezogene ~ 16
- als Einkünfte anzusehende ~ 16
- rückforderbare ~ 18
Zwangsvollstreckung 82

Impressum

Herausgeber

Verbraucherzentrale Nordrhein-Westfalen e.V.
Mintropstraße 27, 40215 Düsseldorf
Telefon: 0 18 05/00 14 33, Telefax: 02 11/38 09-235
E-Mail: publikationen@vz-nrw.de

Verbraucherzentrale Hamburg e.V.
Kirchenallee 22, 20099 Hamburg
Telefon: 0 40/2 48 32-0, Telefax: 0 40/248 32-2 90
E-Mail: info@vzhh.de

Verbraucherzentrale Hessen e.V.
Große Friedberger Straße 13–17, 60313 Frankfurt am Main
Telefon: 0 69/97 20 10-0, Telefax: 0 69/97 20 10-50
E-Mail: vzh@verbraucher.de

Verbraucherzentrale Niedersachsen e.V.
Herrenstraße 14, 30159 Hannover
Telefon: 05 11/9 11 96-0, Telefax: 05 11/9 11 96-10
E-Mail: info@vzniedersachsen.de

Verbraucherzentrale Bundesverband e.V.
Markgrafenstraße 66, 10969 Berlin
Telefon: 0 30/2 58 00-0, Telefax: 0 30/2 58 00-2 18
E-Mail: info@vzbv.de

Text
Verena Rottmann, Rechtsanwältin, Schneverdingen

Koordination
Wolfgang Starke

Lektorat
Dr. Brigitte Döbert, Köln

Illustrationen
Kirsten Reinhold, Köln

Gesamtproduktion
bretzinger : medien.service, Karlsruhe

Druck
Koelblin-Fortuna-Druck GmbH & Co. KG,
Baden-Baden

Ratgeber

Hier können wir Ihnen nur eine kleine Auswahl unseres mehr als 80 Titel umfassenden Ratgeberprogramms vorstellen. Auf Wunsch senden wir Ihnen gern die Gesamtübersicht aller Publikationen zu. Unsere Ratgeber können Sie in den Beratungsstellen der Verbraucherzentralen kaufen oder bei den Herausgebern (---> Impressum, Seite 139) bestellen. Bitte schicken Sie weder Geld noch Briefmarken. Sie erhalten mit der Lieferung eine Rechnung. Zu den genannten Preisen (Stand: Juni 2006) kommen noch Porto und Versandkosten.

Patientenverfügung, Vorsorgevollmacht und Betreuungsverfügung

Wer soll in Ihrem Namen Entscheidungen treffen, wenn Sie dies wegen Unfall, Krankheit oder Alter selbst nicht mehr können? Welche medizinische Behandlung wünschen Sie in solchen Fällen? Dieser Ratgeber informiert über bestehende Vorsorgemöglichkeiten. Mit vielen Beispieltexten, Ausfüllhilfen und Tipps.
7. Auflage 2006, 94 Seiten, 5,90 €

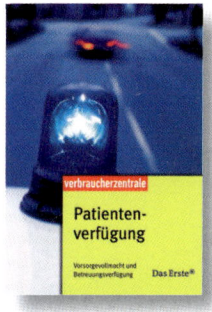

So erben Kinder

Über 150 Milliarden Euro werden jährlich in Deutschland vererbt. Manche Erbschaft birgt auch – vermeidbaren – familiären Konfliktstoff. In diesem Ratgeber wird anhand von vielen Beispielen erläutert, wie Erbschaften und Vermächtnisse für Kinder, ob ehegemeinsam oder nicht, gestaltet werden können. Auch Kinder erhalten wichtige Informationen für den Fall, dass sie erben.
1. Auflage 2006, 176 Seiten, 9,80 €

So erben Ehepartner

Eheleute und gleichgeschlechtliche eingetragene Lebenspartner erhalten hier wertvolle Informationen für den Fall, dass sie erben, sowie Hinweise zur Gestaltung eines Ehegattentestaments oder Erbvertrags. Wir zeigen, wie möglichst viel vom Erbe steuerfrei erhalten bleibt und wie Pflichtteilsansprüche Dritter und andere Schwierigkeiten gemeistert werden können.
1. Auflage 2004, 204 Seiten, 9,80 €

Nachlassplanung

Dieser Ratgeber ist ein umfassendes Hilfsmittel bei der Nachlassplanung. Er enthält alles Wissenswerte rund um die Themen Testament, Erbvertrag und Schenkung. Anhand zahlreicher Fälle und Beispiele aus der Praxis informiert der Ratgeber über die steuerlich günstigsten Gestaltungen, gibt Formulierungsbeispiele und zahlreiche Tipps. So gelingt die eigene Nachlassplanung.
1. Auflage 2006, 204 Seiten, 9,80 €

ABC des Familienrechts

Was ist eine »hinkende Ehe«, was steht in der »Bremer Tabelle«, was in einem »Berliner Testament«? Verständliche Erklärungen zu diesen und vielen anderen familienrechtlichen Begriffen liefert unser aktuelles Lexikon. Ein kompaktes Nachschlagewerk zu allen Rechtsfragen aus den Bereichen Ehe, Scheidung, Kindererziehung, Unterhalt.
1. Auflage 2005, 188 Seiten, 9,80 €

Eherecht

Wenn Sie den Bund fürs Leben schließen, sollten Sie über Ihre Recht und Pflichten informiert sein. Nur so können Sie während der Ehe auftretende Probleme sachlich und fair lösen. Dieser Ratgeber informiert über alle wichtigen Fragen für Ehepartner: angefangen bei Verlobung und Güterecht, über das Kindschaftsrecht bis zur Ehescheidung.
1. Auflage 2005, 200 Seiten, 9,80 €

Versorgungsausgleich bei Ehescheidung

Jährlich werden in Deutschland etwa 200.00 Ehen geschieden, die Tendenz ist steigend. Zur wichtigsten Folge von Scheidungen gehört der Versorgungsausgleich, die Aufteilung der Anrechte der Altersvorsorge. Der Ratgeber erläutert kompetent und verständlich die komplizierte Rechtslage, welche Ansprüche bestehen und wie Sie diese durchsetzen können.
1. Auflage 2005, 202 Seiten, 9,80 €